権力の日本史

本郷和人

文春新書

1239

まえがき

長年、日本の歴史を研究する中で、私はこの国の権力構造に関心を持ち続けてきました。もっと平たく言えば、誰が一番偉いのか？　そして、なぜ偉いとされているのか？　ということです。

この問題は、形式的に考えると、それほど難しい問題ではないように思えます。すなわち、「地位」が高い者が偉い。朝廷の秩序ならば天皇、幕府では将軍が最高位に置かれている。将軍は天皇によって任命されるのだから、将軍よりも天皇が偉い。なるほど、簡単な論理です。

しかし、私が求めているのは、もっとリアルな権力のありかたです。誰が実権を握っているのか？　誰の言うことにみんなは従っているのか？　実質的な決定は誰が行っているのか？　そして、その根拠となっているものとは何か？

日本史の実態を見てみると、先ほどの形式的な理解はただちに破綻します。わかりやすいところで徳川家康。彼が征夷大将軍に任じられたのは一六〇三（慶長八）年ですが、そのわずか二年後には嫡男の秀忠にその位を譲っています。では家康は最高権力者ではなくなったのか？　そんなことはまったくありません。「大御所」と呼ばれ、一六一六（元和二）年に他界するまで、その権力を振るい続けました。そもそも豊臣氏を滅ぼした大坂の陣は、家康が将軍の座を退き〝隠居〟した後のことです。豊臣秀吉の「太閤」も役職でも何でもありません。摂政《せっしょう》・関白《かんぱく》を退いた者の呼び名で、言ってみればご隠居です。

これをもっと端的にあらわしているのが、平安後期からの院政でしょう。これも後に詳しく論じますが、なぜ天皇を退いたあとの上皇が実際の権力を握るのか、きちんとした論理的な説明が必要です。

私はこれを「地位より人」だとして、これまで論じてきました。天皇や将軍といった「地位」よりも、家康や秀吉といった「人」のほうに、人々は従っている。

これは当たり前のことではありません。私たちの生きる近代社会では、大統領や首相といった「地位」にこそ、権力の源があります。端的にいって、アメリカで核兵器のボタンを握っているのは現職の大統領だけ。これは一般企業でも同じで、原則として代表取締役である社長という「地位」にある者が、経営の決定権と責任を与えられています。

時代を遡《さかのぼ》っても、目を外に向ければ、中国の皇帝にしても、欧州諸国の国王にしても、多くはその地位を譲るとともに、実権も明け渡しています。

　では、なぜ日本では「地位より人」なのか？　これが本書のテーマのひとつです。

　さらに日本の権力構造をつぶさに見ていくと、地位＝公の役職とは別の序列があることに気づきます。それは「家」の序列です。

　これには二つの側面があり、ひとつは「階級」としての序列です。大きく俯瞰するならば、「天皇・皇族、貴族、武士、それ以外の庶民」といった階級への意識が、歴史上、みてとることができる。そして貴族ならば貴族、武士なら武士の内部で、さらに序列は細分化しています。この序列の単位となるのが「家」なのです。

　そして、もうひとつの序列はそれぞれの家の内部にあります。家康は将軍秀忠の父です。上皇は天皇の父であり、ときには祖父である。そして彼らは将軍や天皇の「地位」を退いても、家長であり続けました。そして、この「家」のトップの座を継ぐことが、権力の継承になる。すなわち「世襲」です。この世襲の原理が、日本史のなかでどのように作用してきたか、そして今の日本社会にもどのような影響を与えているか。これがもうひとつのテーマです。

その一方で、権力のリアルを考えるとき、当然、「力」の存在を検討しなくてはなりません。権力とは「人を従わせる力」です。そこではさまざまなパワー、もっと具体的にいえば、軍事力、経済力、さらには知力などが重要な要素となります。

さきほど挙げた「天皇・皇族、貴族、武士、それ以外の庶民」といった構図を考えたとき、時代が下るとともに、政治権力に参加できる層は次第に拡大していきます。そこで「世襲」と「才能」＝能力主義を二つの軸として、日本の権力構造をみることにしました。

本書は、二〇一〇年に刊行された『天皇はなぜ万世一系なのか』の増補版ですが、冒頭と最後に天皇を扱った章を加え、全体的にもかなり手を入れました。

歴史のピースをひとつひとつ吟味し、「日本のかたち」がいかにして築かれていったのか、じっくり考えた本ですが、意外と知られていない「日本史の盲点」もあちこちにちりばめてあります。どうぞ気楽にお楽しみください。

権力の日本史◎目次

第一章　天皇と上皇はどちらが偉いのか

「上皇」を英語で言うと？

一八一七（文化十四）年、時の光格《こうかく》天皇は第四皇子（後の仁孝《にんこう》天皇）に位を譲り、太上《だいじょう》天皇（上皇）となりました。これがおよそ二百年前のこと。生前退位も、上皇となられるのも、この光格天皇以来のことです。周知の通り、一八八九（明治二十二）年に定められた旧皇室典範でも、戦後の皇室典範でも、皇位の継承は天皇が崩じたときとされていましたから、この平成から令和の代替わりが大きな転換であることは間違いありません。

では、日本史において、この上皇とは、どのような存在だったのでしょうか？　私はこの国の権力構造を見る上で、上皇の位置づけは非常に重要な意味を持っていると考えます。

少し調べてみると、世界に多くの王朝がありましたが、日本の上皇のような存在は非常に珍しいことがわかります。たとえば現在でもヨーロッパには多くの王室がありますが、退位した王は、英語でいえばretired king、すなわちリタイアした王であり、特別な称号は与えられないケースがほとんどです。つまり、王という「地位」に仕事や責務などが属しているのです。

ちなみに、いまの上皇は英語でどうあらわすのかといえば、宮内庁の発表によると「The Emperor Emeritus」。エンペラーは皇帝、天皇ですからいいとして、イメリタスとは聞きなれない言葉ですね。これは実は、私のように大学関係者にはなじみのある言葉です。尊敬すべき仕事をして大学を退職された教授を「名誉教授」といいますが、この英語名は「professor emeritus」となります。つまり「名誉天皇」となるわけです。

話を戻すと、日本の歴史には初めて上皇となった持統《じとう》上皇から光格上皇まで、五十九人の上皇がいました。歴代天皇のうち半数近くが上皇となっていますが、その位置づけは時代によって異なります。以下、時代を追ってみていくことにしましょう。

特に重要なのは、奈良時代より以前、初めて上皇となった持統天皇の時代と、平安後期、上皇が「治天《ちてん》の君《きみ》」として天皇以上の実権を握った院政期です。

「日本」の基礎をつくった天智・天武・持統

まず日本史上初の上皇となった持統天皇からみていきましょう。

退位した天皇を太上天皇とするという規定は、もともと律令のなかにもあります。この制度としての太上天皇は、あくまでも「退位した天皇」以外の何者でもありません。この太上天皇の略称が「上皇」となります。

では、なぜ持統天皇は初めての上皇となったのでしょうか？　この問いに答えるためには、この持統天皇が日本の歴史上で持っている重要な意味を論じなくてはなりません。

持統天皇の父は天智《てんじ》天皇（在位六六八～七二）です。教科書でもおなじみ大化の改新（六四五年）の主人公、中大兄《なかのおおえ》皇子ですね。皇子として長く朝廷の実権を握り、白村江《はくそんこう》の戦い、飛鳥から近江への遷都などを経た後、天皇に即位しました。

そして、持統天皇の夫が天武《てんむ》天皇です。天智天皇の弟で、これも有名な壬申の乱（六七二年）の後、皇位に就きます（在位六七三～八六）。そして、その後に続いて皇后から天皇になったのが、持統天皇（在位六九〇～九七）なのです。

この天智・天武・持統の時代に、この国は大きな歴史的転換を経験しました。私は、この時期こそ、今の「日本」という国の基礎づくりが行われた時代だと考えています。

中大兄皇子＝天智天皇（以下、天智で統一します）の時代、ヤマト王権は国家的な危機に見舞われます。六六三年の白村江の戦いです。戦いの舞台は朝鮮半島でした。それまで友好関係にあった百済《くだら》が、唐と新羅《しらぎ》の連合軍に攻め込まれた際、ヤマト王権は援軍を送り、大敗北を喫します。これによって半島での権益を失っただけでなく、強大な唐に攻められる危険性が生じたのです。天智は北九州から瀬戸内海に、山城《やまのき》、水城《みずき》という防衛施設を作り、都も飛鳥からより東の（唐から遠い）近江に移しました。

この敗戦のインパクトは、軍事面にとどまらないものだったと考えます。圧倒的な唐という大国のパワーの前に、この国はどのようにして存立していくのかという、深刻な問題を突きつけられたのではないでしょうか。そう考えるのは、天武・持統の時代に、独自のアイデンティティを構築するための大プロジェクトが相次いで立ち上げられるからです。

そもそも「日本」という国号自体、現在確認できる最初の用例は、六七八（天武七）年ごろのものです。また「天皇」という呼称も、この時期に生まれました。それまでの「大王《おおきみ》」から、中国や朝鮮とは異なる独自の存在であることを強調したものと思われます。『古事記』（七一二年）、『日本書紀』（七二〇年）の編纂《へんさん》も始まります。これはまさしく日本という国が固有の歴史を持つことを提示し、天皇家と神話とを直結させることで、その権威の確立を目指したものでした。ちなみに、近年、国文学の世界では、アマテラスのモデルは持統天皇だったのではないか、という説も唱えられています。

そして、国家体制の強化のために取り入れたのが、先進国・中国の律令制度でした。七〇一年にまとめられる大宝律令《たいほうりつりょう》です。

これらの施策は、唐という「外圧」に対して、日本が対抗できるだけの体制を整えているぞ、と誇示する外交的な意味合いも強かったと思われます。たとえば律令などは、先進的な中国の制度に形だけ合わせた、「絵に描いた餅」というべきもので、この時期の日本にとっては内情に見合ったものとはとてもいえませんでした。しかし、この時期のヤマト王権が外来文化を必死に取り入れ、そこにアレンジを加えて、「日本」という新しいアイデンティティを模索したことは間違いありません。そして、「日本」の旗印のもと、諸豪族を束ねていくことで、自分たちが「天皇」という特別な存在であることもアピールしていったのです。

ヤマト王権「大王」の条件

さて、天武・持統期に「日本」の基礎が固められていったことと、持統天皇が初の上皇となったことには、どのような関係があるのでしょうか？

そもそも「天皇」とはどういう存在だったのか？　歴史学の立場からそのルーツを考え

ていくと、早ければ三世紀ごろ、いまの奈良県に出現し、周辺を支配したヤマト王権の王だったということになります。

当時のヤマトとその周辺地域には、多くの豪族が存在していました。彼らは共通の祖先と地縁、婚姻などでつながる「氏」と呼ばれるグループを形成していたと考えられます。天皇「氏」もそのひとつでした。そして、戦闘などによって諸豪族を束ねていき、ヤマト王権という連合体の長「大王」となっていったわけです。

この時代、「大王」となるのは成人の男子でした。それは「大王」＝戦闘集団のリーダーだったからです。後に、明治の皇室典範において、皇位継承者は男子に限られますが、これも天皇が軍のトップである大元帥を兼ねていたからにほかなりません。

では、「大王」の条件が成人男子に限られると、どうなるか。それは必ずしも皇位が父から子へというタテの継承（直系相続）が行われるとは限らないということです。ある天皇が早くに亡くなったとすると、その子どもたちはまだ幼い、という事態も起こる。その時点で多くの人が納得する「強い男」が望ましいわけですから、天皇の弟に適任者がいる、ということになれば、彼が次の天皇となる。

天皇家の系図をみると、たとえば継体《けいたい》天皇のあとは、その息子たち三人が天皇となって

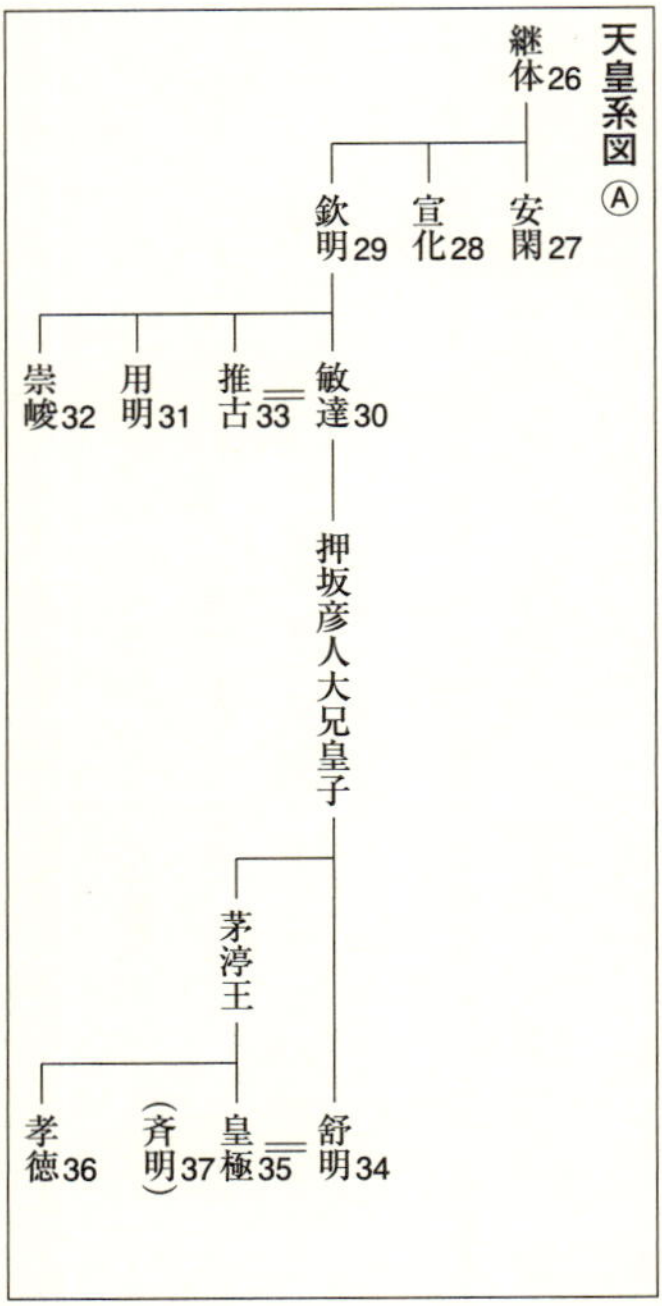

います。

さらに欽明《きんめい》天皇のあとも、敏達《びだつ》、用明《ようめい》、崇峻《すしゅん》と兄弟で継承され、敏達の后が推古《すいこ》天皇となっている（女性天皇については後の章で詳しく論じます）。つまり兄弟によるヨコの継承が行われていたのです。

これは天皇家に限らず、世界中の王朝で観察されることですが、ヨコの継承には大きな問題点があります。それは権力闘争が熾烈《しれつ》になることです。当時は子どもも多く、また異母兄弟も多いため、成人男子の天皇候補はたくさんいます。そのなかでどうやって一人を選ぶのか？　有力なのは母親の家柄ですが、それでも揉めます。それぞれの皇子に、彼を支持する豪族グループがくっついていますから、後継争いは豪族間の勢力争いでもあります。そのため、皇位継承はしばしば血で血を洗う権力抗争となったのです。

その最大の例が、古代日本最大の内乱である壬申の乱でしょう。天智天皇が崩御したあと、その嫡男である大友《おおとも》皇子と、弟である大海人《おおあま》皇子が皇位をめぐって争います。この戦いに勝利した大海人皇子は天武天皇となり、皇后である鸕野讃良《うののさらら》皇女（後の持統天皇）とともに、先にもみたような様々な改革を推進します。

内乱の勝者となった天武天皇は、ある意味では、実力で天皇の座に就いたともいえるでしょう。彼の強い指導力は、そこにも由来していると思われます。天武天皇は一人の大臣も置かず、皇后をアドバイザーとして、要職には皇族を配する政治を行ったと伝えられていますが、『古事記』、『日本書紀』で示された天皇家中心史観も、天武・持統が諸豪族を押さえつけ、一元的な権力を握ったことの反映といえるでしょう。

直系の天皇にこだわる

さきほど天武天皇、持統天皇の在位期間を示しました。そこであることに気づきましたでしょうか？　天武天皇が崩御したのが六八六年、次代の持統天皇の即位が六九〇年。四年の空白があるのです。ここに後の「持統上皇」誕生の伏線があります。

天武天皇は生前、皇后とともに、四人の息子と二人の弟（天智の子）を伴い、吉野宮に赴きます。そこで「吉野の誓約」と呼ばれる誓いを立てさせるのですが、最初に誓いを立てたのは皇后を母とする草壁《くさかべ》皇子、次がやはり天智の娘である大田《おおた》皇女を母に持つ大津《おおつ》皇子、最年長の高市《たけち》皇子は三番目でした。この高市皇子は壬申の乱でも活躍したのですが、母親が九州の豪族出身で皇族出身ではなかったからでしょう。この順番が、いわば皇位継承順位だったわけで、実際に草壁皇子が皇太子となります。

六八六年、天武天皇が亡くなったとき、草壁皇子は二十四歳。大津皇子もほぼ同年輩です。ここで当然、皇后は自分の息子である草壁皇子を天皇にしようと考えます。そのために、大津皇子というもう一人の有力候補は謀反の容疑で捕らえられ、死刑に処されました。草壁陣営からすれば、第二の壬申の乱を未然に防いだことになります。

しかし、それでもただちに草壁皇子が即位できなかった。大津皇子を排除したばかりで朝廷内部の合意がすぐには得られなかったということでしょう。

ところが草壁皇子は、六八九年、皇位に就く前に亡くなってしまいました。どうするか。皇后は自ら天皇となることを決めます。持統天皇の誕生です。このとき、持統天皇の意中の後継者は、草壁皇子の息子で自分の孫にあたる軽《かる》皇子でした。しかし、当時、軽皇子はまだ七歳。ここで「天皇は成人の男性」という縛りが出てくるのです。そこで持統は自分が天皇となり、軽皇子が成長するまでの「中継ぎ」となろうとしたわけです。そして軽皇子が十四歳になるのを待って譲位、持統は太上天皇として、まだ若い文武《もんむ》天皇（軽皇子）を補佐して、ともに政務をとるのです。

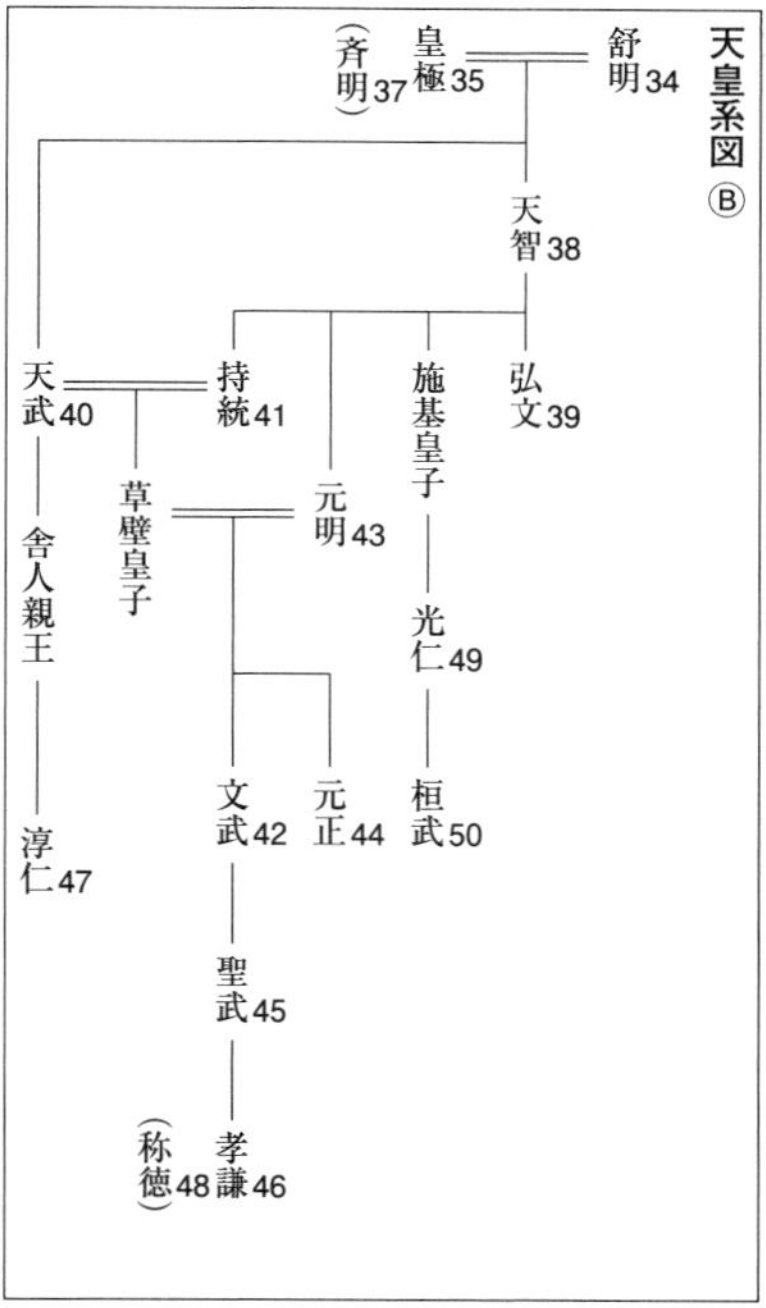

天皇系図Ⓑ

ここで興味深いのは、持統があくまで自分の子、自分の孫といった直系の子孫に皇位を継がせることにこだわったことです。「天皇は成人の男性」というルールに従うならば、草壁の死後、皇位継承第三位だった高市皇子に継がせてもよかった。しかし、持統は高市皇子を太政大臣にすえましたが、孫の軽皇子への直系路線を選んだのです。

そして文武天皇が二十五歳で早世してしまうと、その息子の首皇子《おびと》はたった七歳だというので、また元明天皇《げんめい》、元正天皇《げんしょう》と女性天皇を中継ぎに立てることになる。そうして、ようやく即位したのが東大寺建立で知られる聖武天皇《しょうむ》でした。逆に言うと、そこまでして父から子への直系継承を強行したことになります。

これは後にみると、皇位継承のルールが大きく変わった時期だったともいえるでしょう。すなわち兄弟間のヨコの継承から、父子の直系によるタテの継承へ。そのキーパーソンとなったのが持統天皇ということになります。

トッドの家族理論で読み解く古代史

では、なぜ持統天皇以降、タテの継承が主流となっていったのか。この問題を考えているときに、重要な示唆を与えてくれたのは、フランスの歴史人口学者、エマニュエル・トッドの家族理論でした。彼の議論は人類史の様々な知見に基づいた、とても射程の長いものので、これまでも何度か言及したことがありますが、ここではそのエッセンスだけ簡単に紹介したいと思います。

彼が発見したのは、様々な家族類型のなかで、最も古いのは「核家族」であり、次が「直系家族」、第三が「共同体（家父長）家族」と推移していくということでした。

「核家族」は結婚すると、子どもたちは独立していきます。両親が死ぬと、財産は子どもたちの間で平等に分ける。これが最も古い形態です。

次に「直系家族」は子どもたちのうち、一人が跡取りとして指名され、親の家にとどまる仕組みです。現在でも日本や朝鮮半島、ドイツなどはこの直系家族に分類されます。

第三の「共同体家族」はすべての男子は結婚しても妻とともに親の家の一員となります。ひとりの家長のもと、大家族を形成する。アジアでは中国、ヨーロッパではイタリアがこの形態となります。

トッドの理論によると、ユーラシアでは中心部の中国やロシア、中東など、ヨーロッパではギリシア、ローマなど、古代に文明が発達した地域から、「核家族」→「直系家族」→「共同体家族」への推移が起きる。そして、同心円状に広がっていくために、中国の周辺部である日本や朝鮮半島、ローマから見て周辺になるドイツなどが遅れて直系家族となる。さらに遠いイギリスやアメリカでは、いちばん古い「核家族」がいまも続いている、ということになります。

この理論を日本史にあてはめるとどうなるか。持統天皇・上皇の時代に起きていただろう変化がクリアに説明できるのです。

東洋文明の中心地、中国では直系家族への移行が早くから始まっていました。「親に孝」を強調し、価値観の軸にすえている儒教は、トッドによると、直系家族のためのイデオロギーといえます。

前にも見てきたように、律令制度の導入に力を入れた天武・持統期は、まさに中国インパクトを最大に受け止めた時代でした。その中国インパクトには、家族システムも含まれています。共通の祖先をいただく、緩やかな結合である「氏族社会」から、より強い上下の軸で継承される直系社会へ。この大きな波が、中国大陸から日本に伝播しようとする時期だったのではないか。私はそんな仮説を立てています。

つまり、日本史上初の上皇の誕生は、氏族のなかで同世代からリーダーを選ぶ「ヨコの継承」から、家族内で父と子という上下関係に基づいて、財産や権限の相続を行う「タテの継承」への、家族システムの移行によるものだった、と考えるのです。これは本書のテーマのひとつである「世襲」とも深い関係があります。

それをあらわすひとつの例が、律令に加えられた「蔭位《おんい》の制」です。律令以前には、傍系親も含む「氏」の代表が「氏上《うじのかみ》」として朝廷に仕えていたのですが、蔭位の制では父の位階に応じて、子に位階を授ける制度になりました。つまり、兄弟もふくめゆるやかにヨコに広がる「氏」から、父子がタテにつながる「家」を単位として、人事が行われるようになっていくのです。中臣鎌足《なかとみのかまたり》の息子で、朝廷で力を振るった藤原不比等《ふひと》（六五九～七二〇）の四人の息子はそれぞれ自らの「家」を立て、「藤原四家」のルーツとなります。のちの「家」システムの萌芽といえるでしょう。

上皇の話に戻ると、ここで押さえておきたいのは、持統をはじめ、奈良時代以前では、上皇はあくまで天皇の補佐であり、成人して独り立ちするまでの中継ぎだったということです。院政期のように、上皇自身が最高権力者ではありませんでした。

言い換えると、次の天皇を誰にするか、という問題に、自分の意向をより確実に反映させるための方策として、上皇になることが選ばれたわけです。そこでは、「天皇は自ら（軍事的にも）リーダーシップを示すことが可能な成人男性であるべき」という考え方が残っており、あくまでも権力の主体は天皇に置かれていました。

摂関政治と家族システム

それが大きく変わっていくのが、摂関《せっかん》政治が横行した平安期であり、それに続く院政期です。政治の実権は、摂関期には天皇の外戚《がいせき》すなわち母方の実家である藤原家に、院政期には父方の上皇に握られていきます。そうなると、天皇は戦闘においてリーダーシップをとることもなくなり、「成人の男性」である必要性も薄らいでいきます。子どもでも構わないじゃないか、というので、幼少期に即位したり、成年になる前に退位させられたりするケースも出てくるようになります。

そこで、ここからは平安時代の権力構造について論じたいのですが、かつて私は大きな疑問を抱いていました。それは、摂関政治って本当に強固な権力だったのか、というものです。

摂関政治のピークにして、藤原氏が最も権勢をふるった時代の代表といえば、なんといっても有名な「この世をばわが世とぞ思ふ望月の欠けたることもなしと思へば」の歌を詠んだ藤原道長《みちなが》（九六六〜一〇二八）と、その息子で平等院鳳凰堂を建てた藤原頼通《よりみち》（九九二〜一〇七四）でしょう。ところが、その磐石のはずの権力は、あっという間に傾いてしまうのです。

一〇六八（治暦四）年、後三条《ごさんじょう》天皇が即位します。彼の母は禎子《ていし》内親王で、実に百七十年ぶりに藤原氏ではない母を持つ天皇となりました。この後三条天皇は親政を復活させ、即位の翌年には、荘園整理令を発布します。これはきちんと手続きをしていない荘園を整理し、公地に組み入れるもので、藤原氏は荘園の三分の一を失うという大打撃をこうむりました。後三条天皇の息子、白河《しらかわ》天皇には院政を開始されてしまいます。最盛期のはずの頼通存命中に、すでに藤原氏の権力基盤は大きく揺らいでしまうのです。あまりにも急すぎます。

なぜこんなことが起きたのか？　いろいろ考えて思い当たったのは、結局、家族システムの問題でした。

藤原氏の権力は、家族システムの過渡期にのみ成立した、不安定で脆弱なものだった。そのため、より根本的な家族システムの変化、すなわち本格的な直系家族への移行に対応できなかったのではないか——。

説明しましょう。家族システムのように、社会全体の変化を伴うものは、一朝一夕には移行していきません。直系家族に移り変わる途中には、過渡期特有の形態があらわれます。それが「招婿婚《しょうせいこん》」です。

女性史研究の第一人者であった高群逸枝さんが提唱した概念ですが、『伊勢物語』や『源氏物語』をはじめとする平安時代の文学には、女性のもとに男性が通う場面がよく登場します。これが「妻問い婚」「招婿婚」と呼ばれるもので、女性は自分の生まれた家にずっと暮らし、そこに夫が通ってくる。子どもが生まれると、その子は女性の家で育てられます。

ところが不思議なことに、その子（男の子）が長じると、夫の家を継ぐのです。「家」の継承は父系なのです。

この仕組みは摂関政治そのものです。藤原本家は自分の娘を天皇に嫁がせる。子ども（皇子）が生まれると、養育は母方の藤原氏が担当する。そして長じると、その子どもが天皇を継ぐというわけです。こうして藤原本家は天皇の祖父、曾祖父として、絶大な権力を振るう。これを外戚政治といいます。

他の国でもこうした外戚政治はよく見られるのですが、興味深いのは、日本においては、この外戚が世襲されることです。中国ならば、その皇帝が変われば后も変わり、后の実家も変わる。そのつど、大規模な政権交代が起きるわけです。ところが日本では、たとえば平安期ならば藤原氏、鎌倉時代なら北条氏、室町時代では日野氏が外戚として権力を握り続ける（なお、鎌倉・室町は将軍の外戚です）。これは日本史の特色といっていいでしょう。

いずれにしても、「招婿婚」は日本においても普遍的な家族システムとはいえなかったようで、やがて姿を消してしまいます。父の家に、家督を継ぐ男が同居し、外から嫁を迎え、子どもを産んで、あとを継がせるという、私たちもよく知っている男子直系家族が主流となっていくのです。このシステムでは、家長である父が、すべての財産を管理し、後継者を決めるわけですから、絶大な権力を持つようになります。

さきほど、律令のなかにも「氏」から「家」が確立する萌芽がみられる、と述べましたが、「氏」と「家」の違いをよくあらわしているのが、名前です。たとえば「藤原道長」を口に出して読むと、「藤原の道長」となりますね。「平の清盛」、「源の頼朝」も同様です。これは彼らが「氏」の世界に属しているからです。藤原氏、源氏、平氏はいずれも、特定の「家」ではなく、より広い一族を表しています。それが次第に「家」になっていく。北条泰時《やすとき》、足利尊氏、織田信長には「の」は入りません。

貴族の家でも、三条《さんじょう》家、西園寺《さいおんじ》家、徳大寺《とくだいじ》家など「家」が主体になります。「家」と言った場合には、父から子に受け継がれていく直系の集団を意味するのです。藤原氏でも、近衛《このえ》家や九条《くじょう》家といった「家」が独立していきます。

そこでクイズ。『新古今和歌集』などの選者でもある高名な歌人、「藤原定家」は何と読む？　不思議なことに国文学では「ふじわらのていか」と「の」が入ることが多いようですが、歴史学的には「ふじわらさだいえ」が妥当でしょう。定家は藤原「氏」ではなく、藤原「家」の人なのです。

このように男子直系家族に基づいた「家」制度が確立していくなかで成立した権力システム、それが平安末期からあらわれる院政なのです。

路上で天皇と上皇が出会ったら？

ここで、あらためてこの章のテーマに戻りましょう。

「上皇と天皇はどちらが偉いのか？」

これは院政期以降は、文句なしに上皇のほうが上になります。

これを端的にあらわしているのが、路頭礼《ろとうれい》という決め事です。つまりは京都の街中などで、貴族同士の牛車《ぎっしゃ》や行列などが遭遇した場合、どちらが頭を下げるか、というものなのですが、これは貴族社会ではきわめて重要なもので、非常に精緻《せいち》な取り決めがなされていたのです。

たとえば大納言と中納言の行列がぶつかったとします。中納言のほうが官職が低いから、中納言が頭を下げるのは当たり前だろうと思うと、そう簡単にはいきません。この中納言は家柄が非常に良くて、父も祖父も大臣をつとめていたとなると、世襲が絶対の貴族社会ですから、この中納言は将来大臣になる人だということになる。これが貴族社会の常識です。一方、大納言のほうは、父も祖父も大納言で、つまりはこれ以上の出世は見込めない。では、どちらが頭を下げるべきか、といった問題が頻発するわけです。

しかも貴族社会には、謙譲の美徳というものはありません。常に自分がより偉いんだということを誇示しなくてはいけない。譲ってしまったほうが負けで、ずっと格下として扱われることを許容したことになってしまう。そうしたトラブルを避けるために、様々なケースを想定して、貴族間の共通認識として形作られたのが路頭礼という儀礼なのです。厄介ですね。

その路頭礼によると、天皇と上皇が遭遇した場合には、天皇のほうが先に頭を下げると

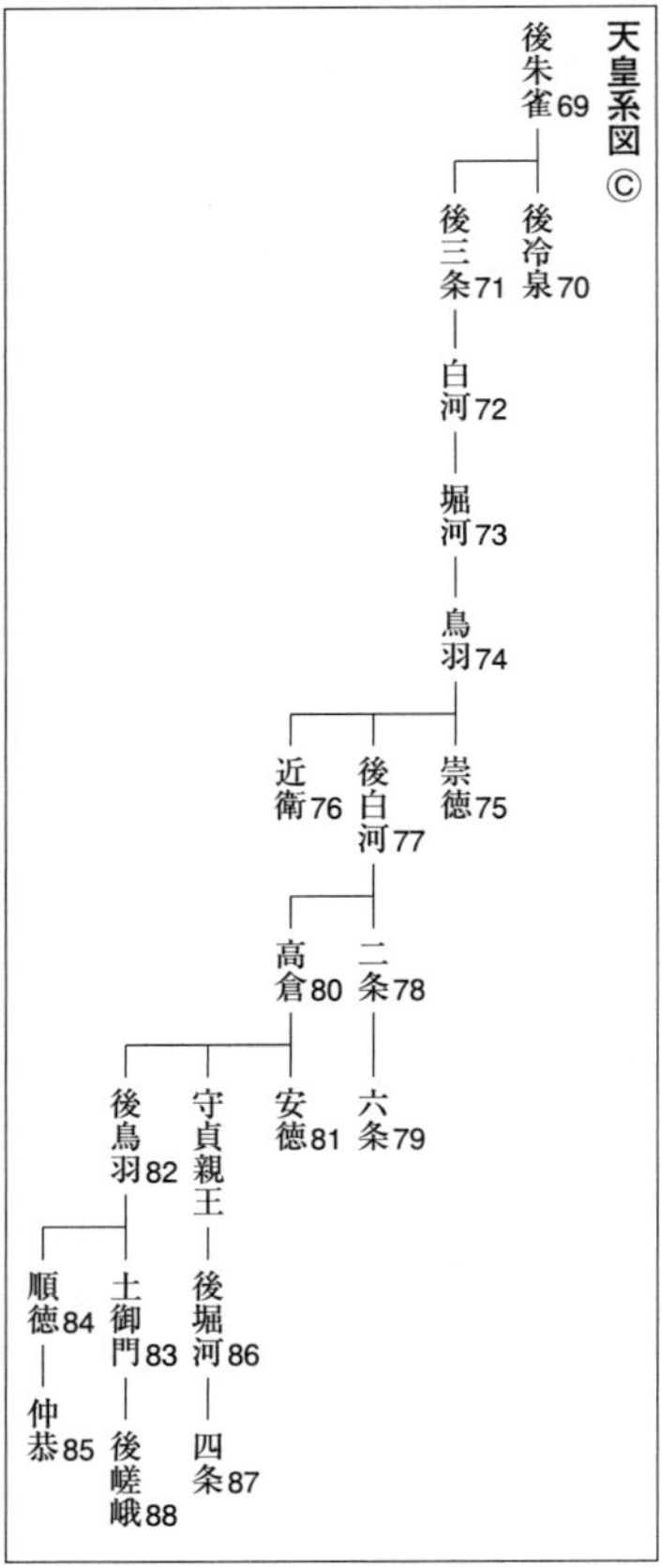

いうことに定められているのです。つまり、上皇のほうが偉い。
もう一つ確認できるのは、朝覲行幸《ちょうきんぎょうこう》という行事についての史料です。これはどういう儀式かというと、天皇が自分の尊属、つまり父や祖父、兄などのところに、挨拶に赴くというものです。上皇の住んでいる御所に天皇が自ら足を運んで、「お父さま、お元気ですか」という。この時、出迎える上皇より先に、天皇のほうが頭を下げなくてはなりません。
これも、律令的な建前からするとおかしな話です。律令では公地公民、すなわちすべての土地と人間は天皇の下にある、とされている。権力の源はあくまでも天皇でなくてはならないはずです。では、どういう理屈で、上皇は天皇よりも偉いのか。

ここまで読まれてきた方は予想できると思います。キーワードは「家」。

天皇家という「家」を単位として考えた場合、偉いのは家長である父であり、祖父なのです。院政期の上皇は、家長＝天皇の父・祖父として絶大な権力を握るようになるのです。

面白いのは、当時、天皇は次々に譲位しますから（天皇に実権がないので、長く務める理由もないわけです）、太上天皇＝上皇も複数存在します。すると、このなかでも序列ができる。上皇だから威張れるというわけでもないんです。政治的な実権を握っている、一番偉い上皇のことを「治天の君」といいます。

たとえば鎌倉幕府と朝廷が争った承久の乱（一二二一年）の時に、朝廷が敗れ、後鳥羽《ごとば》上皇、土御門《つちみかど》上皇、順徳《じゅんとく》上皇という三人の上皇が配流《はいる》されたのですが、このなかで治天の君というのは後鳥羽上皇ただ一人をさすのです。後の二人はいずれも後鳥羽の息子で、兄が土御門、弟が順徳。実際の天皇は順徳の子である仲恭《ちゅうきょう》天皇です。治天の君には、天皇の直接の父や祖父がなることが多いので、もし承久の乱で負けなかったら、後鳥羽のあとは順徳が治天の君となっていたでしょう。

これを家族システムで説明するならば、過渡期のシステムだった招婿婚が消えていき、直系家族＝「家」が確立することによって、天皇の母方である摂関家から、父方の上皇に権力が移行したことになります。

それは同時に、天皇という「地位」よりも、上皇という「家」の序列が優先する、ということでもあったのです。

引退後も最高権力者

「はじめに」のところで、「太閤」豊臣秀吉や「大御所」徳川家康について述べたように、「天皇よりも上皇が偉い」現象は、日本史では頻繁に観察することができます。むしろ、こちらのほうが常態だといっても過言ではないでしょう。

鎌倉時代、承久の乱の前後、朝廷を支えた九条道家《みちいえ》も、摂政、関白を歴任したあと、息子の教実《のりざね》に関白の座を譲るのですが、依然として朝廷随一の権力者でいつづけます。鎌倉では、もう一人の息子の頼経《よりつね》が四代目の征夷大将軍にもなっている。そのとき、道家は「太閤」と呼ばれていきます。他の言い方としては「大殿」、もしくは出家したので「禅閤」。

いずれも正式の官職でもなんでもありません。

室町幕府でも同様で、三代将軍足利義満も、一三九二年の「明徳の和約」で南北朝を統一すると、一三九四年には息子の義持《よしもち》に将軍職を譲るのですが、権力は手放さない。それどころか、「日本国准三后《じゅさんごう》（太皇太后、皇太后、皇后に准ずるという意味）源道義」を名乗り、明に使節を送って、「日本国王」の称号をもらって、朝貢貿易を始めてしまうのですから、まさに最高権力者として君臨しました。

その次の足利義持も、義満の死後、それを真似して息子の義量《よしかず》に将軍職を譲ったところ、義量は子どももいないままに死んでしまった。そこでどうするかというと、義持が再び将軍になる。このとき、権力は義持から義量に移って、また義持に返ってきたかのように見えるのですが、おそらく実態は違う。この間、一貫して義持が権力を握り続けているのです。

髪が伸びるまで待てない

さらに興味深いのは、この先です。いよいよ義持が死ぬ段になって、重臣が後継者を尋ねたのですが、「俺はもう死ぬから知らない、みんなの好きにしろ」と言って死んでしまいました。そこで義持の弟四人を集めて、くじで決めることにしたところ、義教《よしのり》が次の足利家当主と決まった。そこで義教はやる気満々で、すぐにでも政治を始めたいのですが、ひとつ問題が出てきた。それは髪の毛です。義持の弟四人は、天台座主《ざす》まで務めた義教をふくめ、全員、出家《しゅつけ》していたのです。

朝廷から征夷大将軍に任命されるためには、元服という成人の儀式を行う必要があります。義教は若くして出家していたので、まだ元服していなかった。元服の際には正装しなくてはならないのですが、当時の正装として烏帽子《えぼし》をかぶらないわけにはいかない。ところが、髷《まげ》をちゃんと結えないと、烏帽子がかぶれない。つまり、髪の毛が伸びるまで、将軍になれないというのです。

義教はそれが待ちきれない。「足利の家督を継いだのだから、もう政治を始めていいはずだ」と主張したのです。

それに対して、待ったをかけたのが、将軍と上皇の間を行ったり来たりして、武家伝奏を務めていた権大納言《ごんだいなごん》、万里小路時房《までのこうじときふさ》でした。

「まだ将軍になっていないあなたが政治を行っているとき、もしも非常に強い敵があらわれたらどうするのか。将軍という位に就いていないという点では、あなたもその敵も変わりはない。ただ強い方が勝つ、というだけの話になってしまう。だから、将軍という地位に就いてから、政治を始めたほうがいいのではないか」と説いたのです。つまり、将軍という官職に意味があり、ひいてはそれを与える朝廷というシステムを重んじてくれ、と。

しかし、義教はそれを聞き入れませんでした。まさに「地位」より「人」であり、「地位」より「家」なのです。自分は足利家の家長となり、周りの武士もみんなそれを認めている。その実態のほうが、朝廷からのポストといった建前よりも優先する、というのが、義教のロジックでした。そして、現実は義教の〝フライング〟を追認します。当時の人々もまた、権力の源は「地位」より「家」だと判断したのです。

将軍でも執権でもなく

この「地位」より「家」のありかたを、より明確にあらわしているのが鎌倉幕府です。もともと鎌倉幕府の実権を握っていたのが、初代将軍、源頼朝であったことは間違いありません。しかし、三代将軍の実朝《さねとも》が暗殺された後、実権を握ったのは、執権である北条義時《よしとき》であり、それを継いだ北条泰時でした。

では、鎌倉幕府の最高権力者が将軍から執権に移ったのでしょうか？　必ずしもそうは言えません。

五代執権の北条時頼《ときより》は、反北条の勢力に担がれた前将軍の藤原頼経を京都に送り返し、宝治合戦で三浦泰村の一族を滅ぼすなど、磐石の体制を固めたのち、出家して、義兄の北条長時《ながとき》に執権の座を譲ります。このあと、元寇を戦った八代執権の時宗《ときむね》まで北条本家（得宗家《とくそうけ》）からは執権は出ていません。その後も執権には北条家の傍流から選ばれることが多くなります。

では実権は北条の本家から移ったのでしょうか。いえいえ、ここでも「地位」より「家」の原則は貫かれます。時頼は執権を引退したのちも絶大な権力を振るい続けました。なぜなら、彼が北条家の当主だからです。義時、泰時から時頼へと受け継がれた北条本家が、地位にかかわらず、実権を握るのです。これを歴史学では「得宗専制」と呼んでいます。鎌倉幕府の最高権力者は、将軍でもなければ、執権でもなく、北条家の家長だったのです。

後鳥羽上皇の敗北と両統迭立

では、最後に、院政期後の上皇に触れておきたいと思います。

平安後期から朝廷の最高権力者として君臨した上皇でしたが、鎌倉時代に入って、致命的ともいえる敗北を経験します。ご存知、承久の乱です。この乱の原因と顚末《てんまつ》、その後の歴史に与えた影響については、拙著『承久の乱』（文春新書）にくわしく述べましたが、この乱を起こした後鳥羽上皇はまさに「治天の君」にふさわしい、文武に長け、経済的にも政治的にも卓越した「上皇の中の上皇」ともいうべき存在でした。その後鳥羽上皇が武家に敗れてしまった。それも軍事力の放棄を宣言させられ、上皇は配流され、天皇は無理やり退位させられるという完全な降伏を強いられたのです。経済的にも、三千もの後鳥羽系の荘園が、幕府の支配下に入れられてしまいます。

そこからは基本的には、朝廷にかわり武家が政治の実権を握る時代に入ります。しかし、朝廷の権力がまったくなくなってしまうわけではありません。荘園をベースとした経済力もまだ残っていましたし、後に詳しく述べますが、訴訟と呼ばれる行政・司法にも力を入れるようになります。

そこで、武家の代表たる鎌倉幕府はどうしたか。幕府の強みは、紛争の直接的かつ強力な解決手段である武力を掌握していることです。そのため、朝廷による行政・司法も、最終的には幕府の武力に依存するほかない。さらには外交も幕府が握っています。たとえば元寇の際に、元の使節に対応したのも一貫して幕府でした（最後は、使者を斬り殺すという乱暴で拙劣な外交ではありましたが）。朝廷は基本的には国家の無事を寺社に祈っていただけです。

そうした「実力」を背景に、鎌倉幕府は朝廷の人事にも介入していきます。まず天皇の人事。承久の乱の戦後処理として、仲恭天皇を無理やり退位させた後、後鳥羽上皇の血統を排除するために、後鳥羽の兄の守貞《もりさだ》親王の息子を皇位に就かせます（後堀河《ごほりかわ》天皇）。つまり、幕府が誰を天皇にするのか決める力を持つようになるのです。

さらに徹底しているのは、そのあとです。後堀河天皇の息子、四条《しじょう》天皇が十二歳の若さで事故で亡くなると、朝廷の貴族たちは、後鳥羽直系で、順徳上皇の息子、忠成《ただなり》王を天皇に立てようとします。これに対し、当時の執権、北条泰時は京都に側近の安達義景《あだちよしかげ》を派遣、「もし忠成王が即位したら武力で引きずり下ろせ」と命じます。その結果、後鳥羽の流れはくむものの、幕府協調路線だった土御門上皇の子である邦仁王《くにひと》が天皇の座に就く（後嵯峨《ごさが》天皇）。このように、幕府は時に武力をちらつかせつつ、朝廷をコントロールしました。このあとも上皇は存在し、朝廷のトップとなりますが、さらにその上に幕府の意思が位置するという構造となるのです。

そこで生じたのが、いわゆる両統迭立《りようとうてつりつ》です。天皇家が持明院統《じみよういんとう》と大覚寺統《だいかくじとう》に分かれ、交互に皇位に就くようになる。それが後に南北朝の分裂へと発展するのですが、私は、この両統迭立は鎌倉幕府による朝廷の相対化政策の側面を持っていたと考えています。

先ほど述べたように、北条泰時の介入もあって皇位に就いた後嵯峨天皇から話は始まります。後嵯峨天皇は在位四年の後、わずか四歳の後深草《ごふかくさ》天皇に位を譲り、上皇となります。その後、後深草の弟を即位させ（亀山《かめやま》天皇）、さらには後深草上皇の子ではなく、亀山天皇の子、世仁《よひと》親王を皇太子にするのです（後宇多《ごうだ》天皇）。つまり、後嵯峨は「治天の君」として朝廷のトップとして振舞ったことになります。ただし後嵯峨上皇による〝院政〟は、あくまでも幕府の統制下にあったといえるでしょう。その証拠に、後嵯峨上皇は、次の「治天の君」は鎌倉幕府の意向に従うように、と言い残して崩御している。決定権は結局、幕府が持っているわけです。

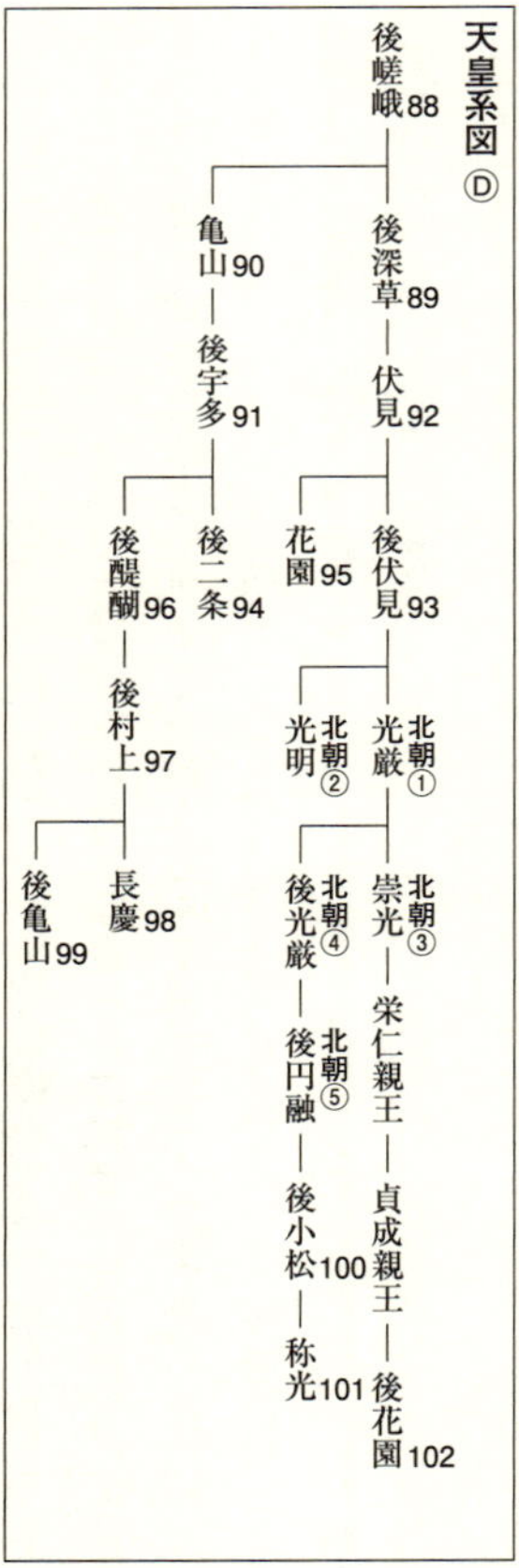

さて、ここで天皇家は後深草と亀山、二人の家長が並立してしまうことになります。では、どちらが偉いのか？　後深草の系統が持明院統、亀山の系統が大覚寺統ですが、鎌倉幕府は、この両統から交互に天皇を出すことにしました。

どうして幕府は皇統を分裂させたままにしたのでしょうか？　私の考えでは、上皇の権力を二分しようとしたのだと思います。家長はたった一人だから、その家の中で絶対的な支配力を有する。二人いたら互いに相対化し合って、権力は相殺されてしまいます。繰り返しになりますが、敗れたとはいえ、朝廷の力がゼロになったわけではない。幕府はいわば天皇家および朝廷を二分化し、さらには、その時々の家長を定める、より上位のポジションを確保したことになります。家長は偉い、その家長を決める幕府はもっと偉い、というわけです。

なぜ南朝は六十年近く存続できたのか？

実はこの構造は、後の南北朝時代も変わりません。

途中で、大覚寺統から後醍醐《ごだいご》天皇という特異な天皇が出現して、「自分はずっと天皇でいたい。そして天皇家の家長でい続けたい」と言い出します。これは幕府が定めた両統迭立の権力構造を逸脱するものでしたから、後醍醐は倒幕を呼びかけることになります。この企てはたまたまうまくいって鎌倉幕府は滅亡するのですが、私は、これは後醍醐の勝利というよりは、鎌倉幕府の自滅だったと考えています。

これもきちんと論じると長くなるので、拙著『日本史のツボ』（文春新書。CMの多い本ですね）などを参照していただきたいのですが、土地本位の支配システムだった鎌倉幕府が貨幣経済の発展に対応できなかったことに、元寇という外圧が加わり、御家人《ごけにん》の間での不満が高まっていった。そこに源氏将軍家の一門という、幕府きっての名門の家長である足利尊氏が立ち上がったために、御家人たちがなだれを打って幕府から離反したのです。承久の乱の後鳥羽上皇と後醍醐天皇を比べたら、軍事力でも、経済力でも、後鳥羽陣営のほうがはるかに強力でした。つまり鎌倉幕府の滅亡は、朝廷側が強かったのではなく、幕府側が弱体化して、内部分裂を起こした結果だったのです。

だから鎌倉幕府が滅びて後醍醐による建武の新政（一三三四年）が始まっても、長くは続きませんでした。足利尊氏は新田義貞や楠木正成らに苦しめられながらも、巻き返して武家政権を再建します。そこで尊氏は再び両統迭立を始めようとするのです。

楠木正成も死に、名和長年《なわながとし》も死に、新田義貞が北陸へ落ち延びた段階で、追い詰められた後醍醐天皇は一度は尊氏に降伏します。もし後醍醐がこの状況を受け入れていたら、京都の朝廷内での両統迭立が再開し、吉野の南朝と京都の北朝に分かれた内乱にはならなかったかもしれません。しかし、後醍醐はそれには満足できず、一三三六年、京都を脱出し、自分こそが正統な天皇だと主張するのです。南朝の誕生です。

とはいえ、南朝が何とか形だけでも足利政権に対抗しえていたのはわずか二、三年に過ぎません。ところが南北朝が合一されるのは一三九二年、足利義満の代のことでした。その間、六十年近くもの間、なぜ室町幕府は南朝を潰さなかったのか。

私はここには両統迭立と同じ論理が働いていると考えます。つまり、南朝を倒して天皇家を一本化してしまうと、それだけ朝廷の力は強くなる。朝廷が南北に分裂していることが、室町幕府にとっては望ましい事態でした。つまり幕府は南朝の力を恐れたのではなく、むしろ北朝を牽制し、より支配が容易な状態を保とうとしたのです。

では、なぜ義満の代になって、南朝が消滅してしまうのか。ずばり、存在意義がなくなったからでしょう。もう朝廷は完全に押さえ込んだ、天皇家は怖くないとなった段階で、南北朝は合一される。逆に言えば、自滅した武家政権（鎌倉幕府）が再び安定を取り戻すまでおよそ六十年かかった、ということになります。

いずれにしても、この後醍醐の企てののち、明治維新まで「天皇家の家長」が最高権力者を目指すことはなくなります。上皇も天皇ももはや「治天の君」ではなくなったのです。

第二章　貴族の人事と「家格」

貴族の人事をおさらいしよう

前章では天皇のありかたと家族システムの変遷についてみてきました。家族システムは当然ながら世襲原理と深く結びついています。「家」を主体とした世襲は、貴族社会でも支配的な原理となりました。

この章では貴族の人事について論じますが、まずは貴族社会で最も重要な「家格」について簡単におさらいしておきたいと思います。

上級・中級貴族はおおよそ四つの家柄に分類することができます。摂関家、清華《せいが》家、羽《う》林《りん》家、それに名家《めいけ》です。家柄には格があり、摂関家が最上で、名家がもっとも下位に位置づけられています。

貴族の昇進の典型的なコースは二つありました。より高い地位が望めるのは「武官コース」です。政界にデビュー（叙爵《じょしゃく》）すると、近衛《このえ》少将・近衛中将に任じる。近衛府は天皇をお護りする役割を担い、内裏《だいり》の門の警備や行幸（天皇の外出）の供奉《ぐぶ》を行います。長官は近衛大将、次官が近衛中将と少将です。これがのちに帝国陸海軍の高級軍人の称号として取り入れられました。それぞれに左右がありますから、左大将が上、右少将が下となります。

ただし、勘違いしないで下さい。任じられる貴族は根っからの文官です。ですから、弓を射て敵を倒す、刀を抜いて不審者と切り結ぶ、などの武芸の技能は持ち合わせませんし、必要とされてもいません。多くの兵を指揮する、軍事的な能力も求められていません。そうした卑しい行為は武士がすればいいのであって、近衛の将官たちは、粛々と威儀を正していればそれで十分なのです。

近衛中将からとくに選抜された人が蔵人頭《くろうどのとう》を兼ね、頭中将《とうのちゅうじょう》と呼ばれる。蔵人頭は天皇の秘書官である蔵人を統括する職で、定員は二名。参議に欠員が生じたときは原則として蔵人頭から補充することになっていますので、蔵人頭への任官は、遠くない将来での確実な参議への昇進を意味しました。

参議から上位の官職をもつ人は、朝廷の重大事を議論し、決定する会議を構成します。現在の閣僚にあてはまります。参議は位階が四位なのですが、重職でありますので、三位《さんみ》以上の位階をもっている「公卿《くぎょう》」としてあつかわれます。定員が厳守されていて、八名。

参議の上が中納言で、正と権《ごん》の区別があります。中納言と称するのが正。対して、権は権中納言といいます。権は「かりの」の意味で、正より下位になります。定員は決まっていませんが、正・権あわせて十名ほどでしょうか。次が大納言で、これにも正・権がありますが。定員はやはり決まっておらず、十名ほど。なお、同一の官職の中では先任が重んじられ、席次が定められました。

大納言の上位がいよいよ大臣になります。内大臣、右大臣、左大臣と昇進していき、最高位が太政大臣《だじょうだいじん》です。大臣は各一名。このほかに天皇の権力を代行する摂政・関白があり、天皇が女性・幼少の時には摂政が、天皇が成人である時には関白が置かれます。ですから、摂政と関白は併置されることはありません。太政大臣、もしくは左大臣がこれを兼任するのが通例です。

昇進が遅い「実務官コース」

「武官コース」に対して、もう一つが「実務官コース」です。こちらのコースをたどる人は、様々な官職について経験を積み、信用を得て、なんとか五位の蔵人になります。それによって、やっと昇進コースに乗るのです。五位蔵人は天皇の側近くに仕え、お世話をする激務で、数名が任じられます。

蔵人として労功を積むと、今度は弁官として昇進していきます。弁官は大・中・少と左右があり、定員は各一名。ほかに権弁が一名いて七名で構成されています。昇進する順番に下位から、右少弁《うしょうべん》、左少弁《さしょうべん》、右中弁、左中弁、右大弁、左大弁、となるわけです。権弁は権右少弁だったり、権左中弁であったり、そのときの状況によって任じられます。弁官は朝廷の行政・行事の実務をになう重要な官職です。ただし位階は高くなく、公卿の座はまだ遠くにあります。

中弁もしくは大弁を勤めるうちに、五位の蔵人を束ねる蔵人頭への任用のチャンスが訪れます。弁と蔵人頭を兼ねるので、頭中将に対して、頭弁《とうのべん》と呼ばれます。この蔵人頭に補されたあとは、「武官コース」と同じ。参議になって公卿の仲間入りを果たし、余力があれば中納言、大納言へと進みます。

「実務官コース」は出世が遅く、たいていの人は参議か中納言で引退します。大納言になれる人は例外です。鎌倉時代中期、姉小路顕朝《あねがこうじあきとも》が初めて大納言に任じられ、次が中御門《なかみかど》経《つね》任《とう》。この二人についてはあとで詳しく述べます。

これ以後、鎌倉時代を通じて十数名が昇進しています。さらに大臣に進んだ例はというと、鎌倉時代は、なし。南北朝時代の激動の中で、吉田定房《よしださだふさ》という人（この人も後に登場します）が内大臣になって、これが初例です。室町時代になると、内大臣が実務官コースのあこがれの地位になりますが、夢が叶った人はごくごく僅かです。

家格によってすべてが決まる

さて、官位の様子をふまえたところで、家格です。家格の名称が厳密に定まったのは江戸時代なのですが、便利なのでこれを用いることにしましょう。家格は先述したように、上から摂関家、清華家、羽林家の順で、一番下が名家です。江戸時代には清華家の下に大臣家を設定しますけれども、中世においては両者は同一のものとして扱えます。

摂関家は名称の通り、摂政・関白になれる特別な家です。平安時代、摂関政治を行って朝廷をリードした藤原本家の子孫たちです。鎌倉時代初期に、まず近衛、松殿《まつどの》、九条の三家が成立しました。このうち、松殿家は政争に敗れ（滅亡した木曾義仲と組んでしまった）、早々に没落します。近衛家からは、鎌倉中期に別に鷹司《たかつかさ》家が立てられた。九条家からは同じころに二条と一条家が分立しました。この五つが摂政・関白に就任できる家として、いわゆる「五摂家」が成立しました。

五摂家の嫡子ともなると昇進はたいへんに早く、近衛中将から蔵人頭・参議を飛び越して、直に中納言に任じることが多いようです。人事の上で彼らに追い越されるのは当たり前で、誰も恨んだりはしません。

五摂家の人々はその後、早々に左大臣か太政大臣に昇りつめ、摂政もしくは関白になります。頃合いを見てさっさと引退し、間違っても老残の身をさらしたりはしません。「前《さきの》関白太政大臣」の肩書きは、現職にいるのと同じくらい、政治的な発言権を有していました。家格が厳然と機能しているので、実際の官職にこだわる必要がないのです。

次に位置する清華家は中世では大臣家とも呼ばれます。つまり、大臣になれる家なのです。有力な清華家の嫡子は近衛中将から蔵人頭を飛び越して直に参議に任じている人が多いようです。二十代前半で中納言くらいでしょうか。重箱の隅を突きますと、大納言から大臣に進む際に三つのコースが存在します。

①　内大臣→右大臣→左大臣→太政大臣、と順々に昇進する家が清華家の中でも格が高いのです。さきほど、摂関家の貴公子は蔵人頭や参議を飛び越していく、と言いましたが、大臣は飛び越さないほうがえらい。三条・西園寺・徳大寺家などがこれにあたりま

す。

② 内大臣→太政大臣、と左右の大臣を経験しないで、状況を見ながら太政大臣に任じる家がそれに次ぎます。土御門・久我《こが》・堀川家など。

③ 内大臣にだけなって引退する。

第三の羽林家は、大納言もしくは中納言にまで昇進します。羽林とは近衛府の次官である近衛中将・近衛少将の中国風の呼び方であり、「武官コース」を経由することに由来した名なのです。家の先祖は摂関家・清華家の庶子であることがほとんどで、その家独自の特徴を内外に提示しないと、数代後の没落が待っています。生き残るのはたいへんですから、常に厳しい立場に立たされている家々といえましょう。

『神皇正統記《じんのうしょうとうき》』の著者として有名な北畠親房《きたばたけちかふさ》（一二九三〜一三五四）を出した北畠家を例にすると、家の初代は親房の曾祖父の雅家《まさいえ》で、清華家に属する中院《なかのいん》家の庶子でした。彼の子息の師親《もろちか》は、大覚寺統へのひたすらな献身と、深い学識の習得を家の特徴として打ち出し、大納言に至る家格を維持しようとしています。

昇進コースでいうと、以上すべての家は「武官コース」を通っていきます。

さて問題は最後の名家です。これだけは「実務官コース」。吉田・葉室《はむろ》・二条・坊城《ぼうじょう》・

中御門・勧修寺《かじゅうじ》などの家がこれにあたります。

この名家は家格は低い。しかし、実務官としてのスキルは持っている。ここに家格＝世襲原理とスキル＝実力主義がぶつかり合うのです。

中級貴族の異例の出世

鎌倉時代の中頃に、中御門経任（一二三三～九七）という貴族がいました。実務を取り仕切る中級貴族の家に生まれたのですが、後嵯峨上皇・亀山上皇父子の信任を承け、第一の側近として政治的に重要な役割を果たしました。中級の家の人としては珍しく、大納言まで出世しています。両上皇の信頼の深さは誰の目にも明らかだったようで、一二七二（文永九）年に後嵯峨上皇が亡くなったとき、一二八七（弘安十）年に亀山上皇が権勢の座から降りたとき、どうして出家して一線を退かないのか、と口々に非難されるほどでした。

ちなみに亀山上皇はモンゴルが攻めてきた時（一二八一〔弘安四〕年の第二回の元寇）に自分の命に代えて国を守り給え、と伊勢神宮に願いを捧げた方で、その行為は崇高な「弘安の御願」として戦前はたいへんに有名でした。

そのとき上皇の使者を務めたのがほかならぬ経任で、蒙古の敗走の報に接して詠んだ「勅として祈るしるしの神風によせくる浪そかつ砕けつる」の歌（太平洋戦争下に定められた『愛国百人一首』に採られたことで有名）も彼の作であるといわれています。古くはこの歌は、藤原定家の孫の二条為氏《ためうじ》の作とされていました。ですがいまは原史料の『増鏡《ますかがみ》』という歴史書の正確な読みをもとに、経任の作であるとする説が有力です。私もそれに賛成したいと思います。

なぜ経任はそれほどに後嵯峨上皇の御意に適《かな》ったのでしょうか。まず当時の人々が取り沙汰したのは「男色」がらみの特別な関係だったと思われます。たとえば平安時代後期の左大臣、藤原頼長《よりなが》は日記である『台記《たいき》』に当時の皇族・貴族の奔放な男色関係を多く描いています。上皇と寵愛深い近臣といえば男色、という理解が中世の宮廷では常識だったのかもしれません。ただし、経任については直接の証拠がありませんので、そういうことがあったのかもしれない、くらいに止めておくべきでしょう。

もっと穏当な推測としては、経任の政務に関する能力が抜群であったのだろうと想定できます。亀山上皇が退いたあとには、伏見《ふしみ》天皇が即位し、上皇の兄である後深草上皇が実権を掌握します。後深草上皇系の持明院統と亀山上皇系の大覚寺統と、天皇家がまっぷたつに割れる事態が始まるのですが、このとき経任は、なんと後深草上皇にも登用されて、側近の役目を務めるのです。こんな例は、他には源雅言《みなもとまさこと》という人がいるだけ。経任なくしては朝廷の行政は円滑に進まない、と考えられたのでしょう。

「超越」とは何か

さて、この経任に絡んで、人事のトラブルが生じます。

少し時間を前に遡《さかのぼ》って、後嵯峨上皇の時代、経任には母親を異にする兄がいました。名前は経藤《つねふじ》。彼の母は経任の母よりも出自がずっと上でした。父の吉田為経《ためつね》は中納言に進んだ有能な実務貴族の代表のような人でしたが、吉田家に伝えられた代々の文書《もんじょ》（いまでいうと、様々な権利書）を経藤に与えています。生母の血筋も良いし、兄でもあるので、彼を後継ぎとして遇していたようです。ところが為経が亡くなると、事態が急変します。

一二六一（弘長元）年三月、上皇は兄を差し置いて経任を蔵人に抜擢しようとしました。蔵人は秘書のような役目。天皇や上皇の手足として働く要職です。この人事は経藤が強く不満を訴えたために延期されましたが、翌年には右衛門権佐《うえもんごんのすけ》である兄を追い越して、経任はついに左衛門権佐に任じられました。

インドでは右手は清らかな手、左手は不浄な手で、右が左より貴い。中国では時代によって右を重んじたり、左を重んじたり。日本は一貫して左が上、右が下。左大臣や左大将は右大臣・右大将よりえらい。ですから、左衛門権佐は右衛門権佐の上位職なのです。経藤はこの処遇に激怒、父から伝えられた家の文書を焼いて出家してしまいます。出家とはもちろん頭を丸めて僧侶になることですが、ここではもう二度と俗世間に関わらない、官人としては働かないぞ、そう内外に意思表示をする振る舞いです。

左右の衛門権佐とは元来は警察の高級官僚ですが、当時は既に内実を失っていて、さほど大事な官職ではありませんでした。ですから経藤は職分がどうの、というよりも、弟に先を超された、ということに我慢ならなかったのです。貴族のプライドのありようがよく分かる事例といえましょう。

十年後の一二七一（文永八）年、同じような事件が起こります。先にもふれたように貴族の官位＝肩書きは、位階と官職から成っています。この時点で経任は正三位《しょうさんみ》で権中納言だったのですが、三月に従二位《じゅにい》に昇進した。権中納言としては上席であった姉小路忠方《ただかた》という貴族は超越されたことに怒り、領地であった甲斐国を返上するとともに権中納言を辞任してしまいます。

すべてを賭けた姉小路忠方の「異議申し立て」は、残念ながら後嵯峨上皇の心を動かせなかったようです。忠方にも彼の一族にも、名誉回復の救いの手はまったく差し伸べられませんでした。忠方は悲観して自ら家の文書を焼き、失意のうちに亡くなっています。姉小路家はこれを契機として、没落していきます。

この事件には若干の説明を加えることが可能かもしれません。前に少し触れましたが、忠方の父、顕朝は後嵯峨上皇に仕える能吏で実務官として初めて大納言になった人物だったのです。

朝廷に難題を突きつけてくる、取り扱い要注意のうるさ型といえば、当時は何といっても比叡山延暦寺です。多くの僧兵を擁し、何かにつけて居丈高に振る舞うこの寺との困難な交渉を、一手に引き受けていたのが顕朝でした。後嵯峨上皇は大納言への異例の抜擢を以て、顕朝の労苦に酬《むく》いました。このクラスの貴族としては初めての事例です（ちなみに二人目が経任）。

後嵯峨上皇の前半の施政における第一の側近は、この姉小路顕朝でした。彼のあとを受けて順調に出世していった息子の忠方には、私こそ父の地位を引き継ぐものだ、という自負があったのかも知れません。ところが中御門経任がぐんぐんと台頭してくる。上皇の寵愛は尋常ではない。ついには自分を追い抜いていった。もう私は、かつて父が占めていた座に就くことは叶わない。忠方の捨て鉢な行動は、そうした絶望感を下敷きにしているのでしょう。

経任の場合は腹違いの兄、側近第一位をめぐるライバル、と背後に濃密な人間関係があったようですが、こんな事例もあります。経任の少しあと、平仲兼《たいらなかかね》という人物がいました。彼は伏見天皇に仕事ぶりを認められ（このあたりのことは第五章でもう一度ふれます）、祖父や父を超えて参議に登用されます。位階でいえば三位、官職でいうと参議以上は公卿と呼ばれ、一流の貴族と認められます。仲兼はこののちも精勤し、権中納言に昇進しています。

ところが一三〇五（嘉元三）年、彼の子息の右少弁仲高が、吉田隆長に超越されました。隆長は経任の本家、吉田家の嫡流の人です。すると仲兼はこれを恥辱とし、子の仲高とともに出家、官を辞してしまったのです。仲兼と吉田家の間には、これといった確執を認めることができません。

席次が下位の者に先を越される。それを当時は超越と書いて「ちょうおつ」と発音したようです。吉田経藤、姉小路忠方、平仲兼は超越されて自分の将来を放棄したり、さらには文書を焼いて家そのものを自ら滅ぼしています。

彼らほどではなくても、貴族の間では人事にまつわるトラブルは日常的に起きていました。それが「座次《ざじ》の争論」と呼ばれたものです。座次とは、席次のこと。なぜ私が汝の下に席を設けられねばならぬのだ、それなら私はこの行事は断固としてボイコットするぞ。そんな小競り合いが頻発していたのです。

抜擢人事が反発を生む

こうした諍《いさか》いの一因は天皇、上皇の能動的な姿勢に求めることができます。後嵯峨上皇よりあと、天皇や上皇は積極的に行政に取り組んでいく。すると、どうしても仕事をテキパキ処理できる人材が必要になります。彼らの奉公に酬いてやろうと、それなりのポストを用意する。すると守旧派の貴族から反発をうける、という事態が想定できるのです。

こうした状況から、確認できることがあります。それは、朝廷においては「年功序列」の考え方が、きわめて強固であったこと。次の章で見る僧侶の人事でも、年功は有力な概念として出てきますが、ここではそれ以上。ほんの少しの抜擢人事にも彼らは激烈な反応を示します。才能でなく、年功。そのほうが周囲も納得するようです。

人事がみんなの注目の的であるのは、中世も現代も変わりがありません。医学部の教授の座をめぐる死闘を描く山崎豊子の長編小説、『白い巨塔』はあまりにも有名です。まあ医学部の教授を頂点とするピラミッド構造は特別ですが。私は医学部の友人に面と向かって、史料編纂所教授も医学部教授も同じ東京大学教授だなんて、やってられないよなあ、とボヤかれたことがあります。まあ、そう言いたくなる気持ちはよく分かります。

貴族社会は、現代の医学部や一般企業以上に閉鎖的です。わたしたちは、地元の友人と遊んでいる分には、会社のことは忘れられる。貴族はそういうわけにいきません。遊びにも、プライベートでも、引退してからも、位階・官職はずっとついて回ります。利権もまた、人というより、官位についてくる。人事に異様な関心が集中するのは、当然といえば当然なのかもしれません。ですから、年齢に基づいた、どちらかというと穏当な人事のやり方が生き残っていったのでしょう。

「年齢」という階層

年功序列はともかくとして、日本ではいまもなお、年齢による上下関係が強く意識されています。リベラルと目される人が書いた文章中にまで「年齢が上であること＝目上であること」という図式が何の疑いもなく登場してきて、びっくりすることがあります。体育会系などという人たちの中ではとくにそれが強烈で、彼らの振る舞いに当惑することもしばしばです。

漢字では大人、乙名、年寄など色々な字をあてますが、訓じるとみな「おとな」。前近代日本の人間の組織は、上下貴賤を問わず、上位の「おとな」、またそれに対する下位の「わかもの」という、年齢を意識した二階層から成り立つことが多いようです。

おとなに敬意が払われ、上位に置かれたのは、本来は経験知を蓄えていたためであったと考えられます。あの山々にこんなかたちの雲がかかるときまって大雪が降るから、予め厳重に備えをしよう。この川ではこういう工夫をすると魚が多く取れる、森のこの色のキノコは毒があるので口にしてはいけない。子どもがこんな症状を示して苦しんでいるときの療法はこれがよい等々、生活に密着した生き字引である老人を重んじる智恵を、むかしの人々はもっていました。

中世の在地には自治の組織がうまれましたが、そのリーダーは「おとな」と呼ばれました。おとなは初め、実際に年齢を重ねた人たちの呼称であって、白髪だったり長いひげの長老たちが荘園など村落共同体の指導者を務めていました。やがて組織が強固になると、財産のある有力農民の中で「おとな」になる家柄が定められていき、実年齢は若年層に属する「おとな」も現れます。

武家の社会でも、家中の重臣を「おとな」と呼びました。良い例が江戸幕府で、将軍を補佐して国政を統轄する、現在の総理大臣のような要職が「老中」。常置の職で、定員は数人。初めは宿老とか年寄衆とも呼ばれていました。ご老中さま、といえば時代劇でもお馴染みですね。臨時に老中の上位に置かれ、重要な政策の決定にのみ関与したのが大老。定員は一名で、江戸時代を通じて十三人が任じられています。そのうち過半数の七人が桜田門外の変で殺害された井伊《いい》直弼《なおすけ》ら井伊家の当主です。

大老も老中も訓で読めば「おとな」。これに対して、おとなになりきれていない、というのでしょうか、老中になるために経験を積む役職、次の老中候補という性格を持っていたのが若年寄。若いのか年寄りなのかよくわからない、ヘンな名前です。定員はほぼ四名で、全国の支配にあたる老中に対し、旗本や御家人の支配を軸とする、将軍家の家政を担当しました。

以上は中央政府である幕府ですが、各地の藩には家老がいる。大石内蔵助《おおいしくらのすけ》（赤穂藩）や小松帯刀《こまつたてわき》（薩摩藩）などの、ご家老さまですね。その異称は宿老とか年寄。家老の下位には藩によって異なりますが、中老とか若年寄とかが置かれています。おとながまつりごとを行う。おとなに準じる者がそれを補佐する、という図式は幕府・藩に共通しているわけです。

鎌倉貴族の日記から

さて、貴族の超越に話を戻します。誰を例にしても良いのですが、そうですね、鎌倉時代中期の、藤原兼仲《かねなか》という人を見てみましょう。この人は『勘仲記《かんちゅうき》』という詳細な日記を残してくれていて、当時を知るためにたいへんな貢献をしてくれています。どうもありがとう。父は権中納言まで昇進した経光《つねみつ》。一貫して実務官として朝廷に仕え、行事や儀式を裏方として支えた人。この人も『民経記《みんけいき》』という日記を残してくれていて、これも第一級の史料です。当時の実務系の貴族にとって日記は単なる身辺の記録にとどまりません。行事や儀式の詳細を残し、次に備えるための、いわば業務の一部なのです。その知識の蓄積が実務能力とも直結していく。当然、その蓄えは「家」の後継者にも引き継がれていきます。

兼仲は父と同じく、若いときから様々な雑務をこなしていきます。とくに目立つのは、貴族社会の頂点にある摂関家の一つ、近衛家に仕え、家政を取り仕切っていること。同じ貴族といっても膨大な資産を有する摂関家には、兼仲のような中級の実務貴族が多く仕えていたのです。兼仲は貴族ですから天皇の従者ですが、近衛の殿下（摂関への敬称）にも臣従している。他にも実務貴族たちは上皇や親王、たくさんの荘園を領有する女院《にょいん》（天皇・上皇の妃や皇女）などに仕えています。複数の主人をもっているわけで、この点が江戸時代の主従関係（主人は一人だけ）とは異なっています。

堅実な仕事ぶりが評価され、近衛家の推薦もあって、兼仲は四十一歳の時、天皇の秘書役である五位の蔵人に任用されます。こののちに実務官の代表である弁官に転じて大過なく過ごし、四十九歳で参議になります。この参議という官職から上、中納言、大納言、大臣がいわゆる議政官《ぎせいかん》。現在でいう内閣を構成し、閣議を行って国の進路を定めていきます。ですから参議以上の官職にある人、もしくはそれに相当する三位以上の位階をもつ人は公卿と呼ばれ、第一等の貴族と認められます。

兼仲はついに、公卿の仲間入りを果たしました。ただし人生五十年、といわれた頃の四十九歳ですから、もはや人生のまとめの時期ともいえます。それでも、もう一段ねばって権中納言にまで昇進し、五十一歳で引退しました。父と同じ地位にまで出世したので亡き父には面目が立つし、家の名誉にも傷をつけない。実務官のコースをたどった人としては大成功の宮仕え人生でありましょう。

名門貴族の出世のスピード

これが兼仲が仕えた近衛家の当主だと、どうなるでしょうか。近衛家は有名な藤原道長の正統、朝廷随一の名門ですので、その昇進のスピードはすさまじい。鎌倉時代前期に『猪隈《いのくま》関白記』という日記を書き残した近衛家実《いえざね》という人がいます。この貴人を例に取ってみましょう。もっとも、彼の日記は、先述した実務官の詳細な日記と異なり、備忘録といった態のものです。政治史の史料価値は残念ながら高くありません。貴人の日記にはこの種のものが多いようです。

ともあれ、家実は十二歳で政界にデビューしました。正五位下、右近少将《うこんのしょうしょう》の官位を得たのですが、これが既に異例。というのは、前にも触れましたが、普通の貴族は叙爵といって、従五位下に叙されるところからキャリアを形成していきます。従五位下、従五位上、正五位下の順ですから、家実は二階級を優遇されているわけです。翌年には一足飛びに昇進し、従三位になります。十三歳で公卿の列に加わっているのです。官職は右近中将。十九歳で参議を経験せずに権中納言。その後も順調に太政大臣にまで上りつめ、天皇権限を代行する摂政や関白にもなり、朝廷第一の実力者となります。

同じ権中納言で比較すると、兼仲は五十一歳、ここで引退。家実は十九歳、ここからが本当の政敵との戦い。権力闘争が待っているのです。これだけの差があるわけです。

二人の昇進の速度には大きな差があります。その差は何を意味するか？　それはつまり、摂関家の若君は、兼仲のような実務官などはどんどん追い抜いて出世していくのだ、ということです。朝廷の人事では年功が重んじられている。けれども、年功に依拠してばかりいるならば、十九歳の権中納言は生まれようがありません。年功だけではない。でも、家実の出世の道すがら、格別なトラブルが起きた形跡はない。だれも憤慨している風はない。これはなぜなのでしょうか。

これは前にも述べたように、家格によって昇進のコースはまったく異なるからです。自分が属する家柄よりも上位の人が、先に昇進していく。これは仕方がないのです。良い気はしないでしょうけれど、ちっとも恥ではありません。ところが自分と同等、もしくは下位の家柄の人に追い越される。これが厳密な意味での超越《ちょうおつ》です。耐えられぬ恥辱となるのです。

本章で例に挙げた中御門経任、姉小路忠方、平仲兼、吉田隆長はみな名家の人々です。忠方も仲兼も、羽林以上の家の人に追い越されたなら、不快には思ったでしょうが、怒りはしなかった。同じ名家出身の中御門経任、吉田隆長に超越されたので、激怒して官を辞したわけです。

名家を登用した上皇たち

家格は低く、上がり得る官職にも限りがあるが、実務能力は身につけている。そんな名家の人材に目を付けたのが、院政を行う上皇たちです。とくに鎌倉時代中期から、後嵯峨上皇以降の歴代の上皇は、彼らを積極的に登用した。彼らを自らの手足として活用することにより、摂関家や清華家などの伝統的な上流貴族を敬して遠ざけ、それまでとは異なる機能的な朝廷行政を目指したのです。能動的な行政者たらんとする上皇と、実務に堪能な名家の人々。この組み合わせによって、鎌倉時代の朝廷政治は推進されていきます。

さて、ここが大事なポイントです。名家の人々は、政治的に重要な役割を果たした。うん、そこは良く分かった。では彼らは、たとえば大臣になったのか。行政から遠ざけられていった上流貴族に取って代わり、家格も上昇したのか。そうではないのです。名家の人々は先述したように、辛うじて大納言になるのが精一杯。室町時代になって、ごく僅かな人がやっと内大臣。権力の中枢にありながら、かたちの上では下座にひかえたまま。摂関家や清華家に対しては、十分に礼を尽くすことを求められました。家格は中世を通じて、堅持されました。これが伝統が支配する、中世の朝廷なのです。

家格は変わることがなかった。貴族の歩む道は、生まれによってほぼ定められていた。お父さんが実務官コースを通ったならば、後継ぎの子どもも実務官コース。お父さんが内大臣まで昇進したなら、子どももよほどの失態を演じない限り内大臣に。おじいさん、お父さんが中納言止まりなら、相当に余力を残していると自覚していても、中納言で引退する。大納言への昇進は望まない。

祖父、父、子、孫はみな同じ昇進ルートをたどり、同じ位階、同じ官職に到達して引退する。つまり、ここには堅牢《けんろう》な「世襲」を見て取れます。中世の貴族社会では、世襲が根幹の原理として機能していたのです。

貴族社会に君臨する天皇は、古代から連綿と世襲によって代を重ねてきました。貴族とはそもそも、天皇に仕える人々です。ですから、貴族が世襲に依拠していたことは異とするに足りません。朝廷が世襲によって維持されていたことを、ここであらためて確認しておきたいと思います。

第三章　僧侶の世界の世襲と実力

妻帯禁止なのに院主は「世襲」？

前章では貴族社会の世襲原理と実力主義の関係を見てきました。次に見ていきたいのは、宗教の世界、仏教界での人事です。平安期から中世にかけて、仏教界は貴族社会、のちに勃興する武士と並ぶ強力な権力グループのひとつでした。

しかし、考えてみると妻帯を禁じられていたはずの僧侶の世界では、本来、世襲など成り立つはずがありません。また、平安の初めに日本に密教をもたらした最澄（七六七〜八二二）と空海（七七四〜八三五）はともに修行集団を重視していました。そこではきちんと修行した者、覚りを会得した者が尊いという価値基準、ある意味では実力主義が重きを置かれる世界だったはずです。

後に詳しく述べますが、僧侶の集団が「才能」を重んじる指向性をもっていたことは事実です。しかし、その一方で、当時の仏教界は俗界とパラレルな構造を有していました。より具体的にいうならば、仏教界もまた、世襲の原理で動いていたのです。

当時の仏教は朝廷と非常に深い関係にありました。最澄と空海がもたらした天台宗と真言宗もふくめ、仏事は朝廷の年中行事に組み込まれ、神事よりもずっと長い時間と熱意を以て祈禱《きとう》が執り行われました。大雨の被害が甚大なので、一刻も早くやんでほしいものだ。中宮さまが出産されるが、どうか安産でありますように。こうしたときに祈禱に頼りたくなる気持ちはよく分かります。

ですが、比叡山の僧兵が京都で暴れているとか、鴨川の水があふれて家屋が流されたとか。それはむしろ行政マターでしょう？　仏に祈るより、会議を開いてしっかりと対策を練る方が先ではないのかな？

しかし、古代・中世では政治的・社会的な変事への対応においても、祈禱の厳かな執行が、重んじられました。朝廷ではいつでもどこかしらで、呪法が修されるようになっていきます。顕《けん》・密《みつ》の僧侶たちは鎮護《ちんご》国家《こっか》・玉体安穏《ぎょくたいあんのん》を願って、祈りを捧げる。仏法は王権を支える強靭《きょうじん》な理念として機能し、「王法と仏法は車の両輪」という認識がしばしば表明されるのです。

平安時代の中頃から、大寺院の統制下に、規模の小さな別寺院が建てられました。大寺院に所属しながら、ここがポイントですが、別の本尊と、別の建物と、別の領地をもつ、こうした寺院を「院家《いんげ》」と呼びました。院家の主が「院主《いんじゅ》」です。後に登場する、東寺《とうじ》の宝厳院《ほうごんいん》というところの院主である深源《しんげん》であれば、宝厳院深源と呼ぶわけです。ついでに深源の僧位が法印《ほういん》であれば、宝厳院深源法印のできあがりです。三宝院光済僧正《さんぼういんこうさいそうじょう》なんていうのも、同じような構成になっています。

院家は貴族社会と仏教界とを繋ぐ役割を果たしました。すなわち、有力な貴族の家々は特定の院家と結びつき、寺領を寄進し、堂塔を建立し、その一方で一族の子弟を院主として送り込んだのです。院家の中には俗界の身分秩序がそのまま持ち込まれました。院主の周囲には中級・下級貴族出身の僧侶がいて、従者の如くに院主に仕えたのです。彼らの下層には土豪とか有力農民の家からやってくる下級僧がいて、院家の雑事に従事します。

仏典をひもとく学僧とか学侶ともいわれる僧たちには貴族出身者が多く、下級僧は僧兵の母集団にもなりました。上級の僧たちの生活は貴族同様に豪奢《ごうしゃ》なもので、贅を尽くした調度に囲まれ、色とりどりの法衣を着し、美しい稚児の酌で酒を楽しみました。俗界と相違する点といえば、女性との交わりが表向きご法度《はっと》であったことくらいです。それもあくまで、表向き、ですけれども。

院家の中でも、皇族もしくは摂関家、清華家などから院主が選ばれる格の高いものを、特に門跡《もんぜき》と呼びました。天台宗延暦寺（山門）の数ある門跡の代表は青蓮院《しょうれんいん》・妙法院《みょうほういん》（三十三間堂を擁する）・梶井《かじい》（のちの三千院《さんぜんいん》）。園城寺《おんじょうじ》（寺門）の三門跡といえば聖護院《しょうごいん》・実相院《じっそういん》・円満院《えんまんいん》。真言宗では代々皇子が入る仁和寺御室《にんなじおむろ》、醍醐寺《だいごじ》の三宝院。南都では興福寺の一乗院《いちじょういん》・大乗院《だいじょういん》。これらが代表的な門跡です。彼らは交代で各宗派の首座である天台座主・園城寺長吏《ちょうり》・東寺長者の任に就き、仏教界の意思を形成しました。

では、どうやって仏教界で世襲を行うのか？　たとえば清華家の西園寺家なら長男は家を継ぎ大臣などになり、弟は仁和寺勝宝院の院主になるのです。そして、長男の子どもが次の院主になる。つまり、叔父から甥へ院主が継がれていくわけです。これによって西園寺家という「家」が代々寺院を支配していくことが可能になるのです。世襲の主体は「家」ですから、これも立派な（？）世襲です。

俗界の出世が仏教界に及ぶ

俗界と仏教界の関係を示す興味深い例を見つけたので、ご紹介いたしましょう。時代は少し下って、室町時代の例になります（図1）。

太字は貴族である広橋家の歴代の当主であり、名前を囲んであるのが興福寺松林院《しょうりんいん》の院

図1

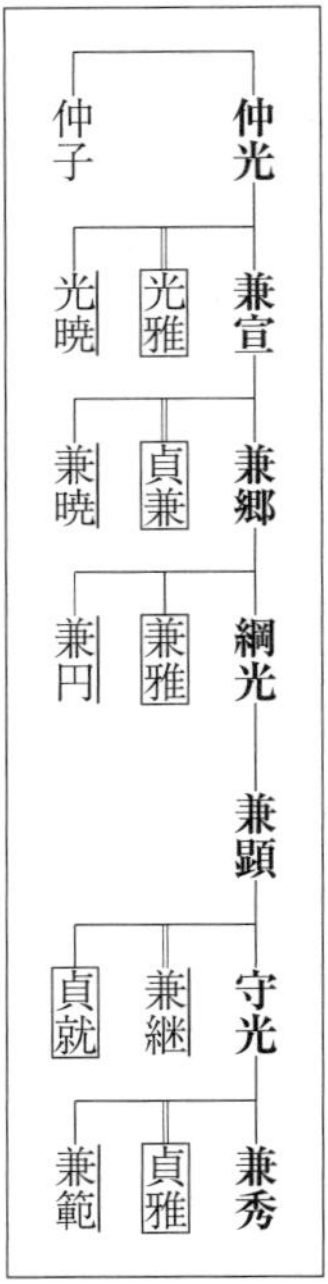

主、傍線が興福寺東院《とういん》の院主です。

広橋家は先に述べた藤原経光と兼仲の父子の直系の子孫です。実務を管掌する名家クラスの家でありました。若いうちには摂関家に仕え、やがて蔵人・弁官などの実務の官に任じる。この時点で上皇に仕えはじめ、中納言を極官として引退する。鎌倉時代には上皇や摂関に便利に使われるだけで、政治権力の中枢には近づけませんでした。優秀な実務貴族の指標である大納言に昇った人も現れていません。

室町時代になると、様子が変わります。広橋仲光《なかみつ》（一三四二～一四〇六）は上皇に奉仕するように幕府将軍である足利義満に積極的に献身し、信頼を得ます。これを契機として、広橋家は朝廷と武家の仲立ちを務める有用な家として、行政に深く携わっていきます。守護大名では細川氏や赤松氏、幕府高官では伊勢氏などとも親交があったようです。

摂関・上皇・将軍。彼らはいわば、日本の王様です。王の手足として働くことで繁栄した広橋家は、一族の者をたとえば南都の興福寺に送り込んでいました。松林院は摂関家の九条家から院主が派遣される、大乗院門跡に仕える院家です。東院は摂関家の近衛家の人が院主になる、一乗院門跡に奉仕する院家です。京都の広橋家と、興福寺の院家の関係が、ここには整然と見て取れます。広橋家は俗界では摂関家に、僧界でも摂関家の血縁で継承される門跡に従属するのです。まさに、俗界と僧界とはパラレルであるということになります。

深源は自己をアピールする

仏教界も大枠では世襲原理にのっとっていたことを確認したうえで、より具体的に事例を検討していきましょう。そこでは仏教界独自の「実力主義」が存在したことも確認できるのです。

新幹線に乗って京都駅を出て大阪方向に向かうと、すぐに左手に京都のシンボルともいうべき国宝の五重塔が見えてきます。高さは五十四・八メートル、明治維新前に建てられたものの中では日本で一番の高さを誇っています。女人高野と呼ばれる室生寺《むろうじ》の繊細な五重塔は十六メートルですから、三倍以上。まさに偉容という言葉がぴったりです。

この塔が建っているお寺の名は、正式には金光明四天王教王護国寺《こんこうみょう》。といってもあまりぴんと来ませんね。でも東寺といえばああ、とうなずかれる方も多いはず。僧俗・貴賤を問わず、昔からこちらの名称がよく用いられてきました。由緒正しい真言宗の大寺院。多くの貴重な建造物や仏像、寺宝を今に伝えています。ちなみに、東寺と対になるべき西寺《さいじ》はすでに平安時代には荒廃し、いまは跡しか残っていません。

真言宗の本山は高野山金剛峯寺《こんごうぶじ》ですが、高野山は次第に葬送の寺、死者の菩提を弔う寺になっていきました。国家の安寧を祈る役割は、東寺が担うようになっていく。ですから真言宗の根本道場といえば、高野山よりも東寺なのです。

比叡山のことを山門といい、大津にある園城寺（通称は三井寺《みいでら》）を寺門といいます。天台宗のお坊さんの中で一番位が高いのは、比叡山を束ねる天台座主と、三井寺のトップである園城寺長吏。真言宗の方では東寺の第一の長者（長者は一長者《いちのちょうじゃ》から四長者まで、四名います）。皇族や摂関家、上級貴族出身の高貴な僧が、天皇によって任命される。彼らが仏教界の頂点を形成します。

東寺が大切に現代に伝えてくれたものの中でも、わたしたち日本史研究者にとって何よりありがたいのは質量ともに豊かな古文書群《こもんじょ》です。国宝に指定されている東寺百合文書（京都府立総合資料館所蔵）、東寺文書（東寺所蔵）、教王護国寺文書（京都大学総合博物館所蔵）などから成っています。東寺百合文書は「ゆり」ではなくて「ひゃくごう」。江戸時代前期、金沢五代藩主前田綱紀《つなのり》がこの文書を整理した際、百の桐箱を寄進したことにより名付けられました。全部で四万通にのぼり、これなくして中世史研究は成り立ちません。有名な網野善彦も、東寺百合文書を精読するところから研究を始めています。

東寺の庇護者として有名なのが、後宇多上皇（一二六七〜一三二四）です。鎌倉時代後期の天皇で、有名な後醍醐天皇のお父さん。この方は従来、真言宗の哲理の研鑽に励み、東寺をはじめとする密教寺院を篤く信仰し、また多くの寄附をしたことで知られていました。でもわたしが改めて調べてみると、政治的にも大いに手腕を発揮している。堅実な人事を行って朝廷がうまく機能するようにし、幕府との連携に意を用いて、協調関係を築いている。北畠親房は『神皇正統記』において、「大方《おおかた》この君は中古よりこなたにはありがたき御こととぞ中侍《もうしはべる》べき（昔から、こんなすぐれた天子はいない）」と賞賛しています。

政治向きのことはさておき、後宇多上皇は多くの荘園を東寺に与え、財政的基盤を整えました。それと同時に、法会《ほうえ》の励行を命じています。当時の天台・真言宗の役割は「鎮護国家」。僧侶たちが仏に真摯に祈ることによって、国家に安寧をもたらすのです。天災が起きませんように、作物がよく実りますように、外敵が攻め寄せてきませんように。それに、天皇や上皇がたがお健《すこ》やかにすごされますように。

一三一二(応長二)年、後宇多上皇は伝法会《でんぽうえ》を行うため、東寺に七人の僧を配置しました。後にこれが十六人に増え、伝法会衆、もしくは学衆《がくしゅう》と呼ばれました。また二人の学頭《がくとう》がリーダーとして加わり、学頭と学衆あわせて十八人が学衆方を形成します。学頭・学衆は春と秋に伝法会を催します。

伝法会というのは、真言宗の根本的な経典である『大日経』の注釈書である『大日経疏《だいにちきょうしょ》』(八世紀初めに唐で成立)、『大乗起信論《だいじょうきしんろん》』の注釈書である『釈摩訶衍論《しゃくまかえんろん》』(七~八世紀ごろ中国・朝鮮で成立したか)などについての議論と研究を、春秋それぞれ三十日ずつ行うものといわれています。ごめんなさい。宗教は難しく、私も通り一遍のことしか説明できないのですけれど。法会を行う費用をまかなうために、山城国上桂《かみかつら》荘、同国拝師《はやし》荘、播磨国矢野荘、常陸国信太《しだ》荘などの年貢が充てられました。

二人の学頭は春と秋、一季ずつの議論を管掌します。難解な経文を読み込み、僧侶たちの活発な問題提起を促し、より深い解釈へとみなを導いていく。学識の蓄積と臨機応変の判断が要求される大役です。ですから学衆は慎重に評議し、適任者を選んで学頭に任命しました。多くの場合は、大僧都《だいそうず》や法印（これらについては、あとで述べましょう）など、高位の僧位をもつ長老がこの役に充てられているようです。

学頭をめぐる人事争い

一三五八（延文三）年、学頭の一人、花厳院弘縁《けごんいんこうえん》という人が亡くなります。すると四月、宝厳院深源という一人の学衆が、後任には私こそがふさわしい、と手を挙げました。この役職は私の師の頼宝《らいほう》法印が初めて就任してから、宝光院了賢《ほうこういんりょうけん》、大慈院親海《だいじいんしんかい》のお二人の権僧《ごんのそう》正《じょう》、亡くなった花厳院法印と引き継がれてきた。私の席次はこれらの人の次座にあたるし、また後宇多上皇が配置された学衆のうち、今も存命しているのは私一人だけである。順番からして、私が学頭になるのが道理だと考える、と烈しいアピールをしたのです。

ところが、この深源さん、学衆の仲間うちでは評判がよろしくなかった。というのは以前、伝法会を行う所領として設定されていた矢野荘の取り分をめぐって同じ学衆の杲宝《こうほう》（一三〇六～六二）と争い、学衆みんなの反感を買ったことがあったのです。まあ、これは相手も悪かった。杲宝さんという人は師の頼宝さん、弟子の賢宝《げんぽう》さんとともに「東寺の三宝」とうたわれたほどのバリバリの学僧。東寺の誇りであり、真言教学上の大物です。

深源は先に記したように自分は頼宝の弟子だといってます。生年は明らかではありませんが、延文三年の段階ですでに七十歳をすぎていたらしい。対する杲宝は五十代半ばなので、深源は兄弟子に当たります。矢野荘の争いでは、深源の利益を追求する姿勢がかなり強欲に映った。それで、兄弟子なんだから少しは譲ってやれよ、しかも争っている相手は、あの杲宝だぜ、なんて思われたのかもしれません。ともかく学衆たちはみな杲宝を支持し、深源は敗れたのです。その深源が学頭の地位に狙いをつけて、いち早く名乗りを上げた。学衆たちにすると、またあのじいさんか、という感じだったのでしょうね。

もう一人の学頭、大慈院親海がまずやんわりと意見を提出します。拙僧の理解では、後任を定める時は長老たちが話し合うことになっていたはずじゃ。長老というと、伝法会の学頭二人と、春夏秋冬の季節ごとに行っている勧学会《かんがくえ》の学頭二人、それに学衆の第一席にある者、都合五人じゃが、弘縁法印が亡くなったので残りは四人。この四人でよく話し合い、秋の伝法会に間に合うように定めるとしよう。うまく決まらなかったら、学衆みんなの多数決がよかろう。勧学会というのは空海を祀る御影堂《みえどう》で行う法会で、後醍醐天皇によって始められました。学頭は学衆のうちから選ばれていました。

親海はまた説きます。せっかく学衆のうちの「器要」を精選して、勧学会の学頭に選任しているのじゃから、どうじゃろう。二人いる勧学会学頭のうち、もし一人が辞退したならば、他の一人に伝法会の学頭を兼務させては。まあ、みんなトシでからだの不調を抱えておるからのう、ゆっくり話し合うのがよいじゃろう。

そういいながら、水面下ではどうやら、色々な工作が活発に行われていたようです。ついに八月十五日、親海ら長老会議は西方院仲我《さいほういんちゅうが》の名を明らかにして、伝法会学頭に推すことを内外に示します。彼は勧学会学頭の一人ですから、会議のメンバーでもある。長老会議は自分たちの利害を調整し、候補者を仲間の一人に絞った。今なら「密室で事を運んだ。談合だ」とのはげしい批判を受けることは間違いありません。もちろん深源が納得するはずはありませんでした。

学衆全員の多数決が重んじられるべきだし、親海権僧正もそう仰っていたはずなのに、どうして四人だけで決めてしまうのか。しかも出てきた人は、四人のうちの一人ではないか。彼は席次は私よりも下位だ。こんなバカな人事があるものか。そもそも後任を決めるルールについてだが、権僧正が「私の理解では」長老が話し合って……、と仰ったのはおかしい。「私の理解」などとあやふやなことをいうのではなく、根拠を示してくれなくては納得できるものか。だいたいそんな根拠、存在しないのではあるまいか。

深源のすごいところは、文句をいうだけでなく、自らの正当性を朝廷にきちんと働きかける行動力。順番からすると次は私のはずだ、という主張は年功を重んじる朝廷の理解を得やすかったのでしょう。彼の願いは後光厳《ごこうごん》天皇にまで届き、天皇の側近く仕える女官、三品局《さんぽんのつぼね》が文書をしたため、深源の学頭就任にゴーサインが出たのです。

当時の天台・真言の伝統的仏教界でめきめきと頭角を現していたのは、足利将軍家と結びついた醍醐寺の三宝院でした。深源はこの三宝院のあるじ、光済僧正にも仕えておりましたので、ぬかりなくその助力を取りつけました。光済は東寺に対し、深源を強く推薦します。これらを勘案した東寺は、東寺のトップである東寺一長者の妙法院定憲僧正らがサインし、ついに八月二十五日付で、深源を正式に伝法会学頭に任命しました。深源にしてみれば、してやったり、でしょう。

「年功」か「器」か

でも今度おさまりがつかないのは、深源と関係がよくない学衆たちです。彼ら（例の杲宝もその中の一人）は会議を開いて、宣言します。深源法印は学頭を望んでいるが、「器要にあらざるにより」その願いは棄却された。仲我法印こそがふさわしいと八月十五日に長老の方々が会議で決定された。それなのに深源法印は「天皇をだまし、長者をたぶらかして」任命されてしまった。「非器の身として」学頭の名を汚すのは仏法がすたれるもとであるので、われわれは「一同連署して」この人事に反対すると評議した、と。

深源、それに東寺一長者のサイドは、任命の既定事実をもって学衆たちをなだめたり、すかしたり。とにもかくにも正式な文書がでているのだから、もう騒ぐな。言いたいことはあるかもしれんが、いったん任命した者を改めるというのは、いかにもまずい。まあ納得せよ、と。すると九月六日には十四名の学衆が連署して、自分たちの意思を確認します。長老たちの推挙で学頭が定められるのは、元徳年中（一三二九〜三〇年）に定めがあるので有効である。自分たちは仲我法印を支持する。深源が「無才の質をもって学頭の座に着し、文の釈の前後も弁《わきま》えず、無義の雑語《ぞうご》を吐く」という事態になったなら、他寺からのあざけり、学道の瑕瑾《かきん》はただこの事にある。我々は深源がリードするなら、秋の伝法会には参加しない。早く深源を任じた文書を無効とせよ。

深源は先に長老会議の有効性を疑問視し、学衆の多数決を優先させるべきだとしました。ところが肝心の学衆が、長老が学頭を選ぶことを定めた元徳年間の取り決めの存在を明らかにし、また学衆の大多数は仲我を支持する、としたのです。これでは深源は、前後一貫した論理を維持できなくなります。そこで彼は真言宗随一の格式を誇る、仁和寺の仲裁にすがろうとしたらしい。当時の仁和寺のトップは、後光厳天皇の弟君にあたる尊朝入道《にゅうどう》親王《しんのう》です。

仁和寺において、深源と学衆は二回ずつ言い分をやり取りします。自分が学頭であることを、なんとか学衆に容認してもらおうとする深源。「深源は非器であること、元徳年中の取り決めがあること」を明瞭に否定できぬ以上、深源の主張にはまったく理がない、と一歩も引かぬ学衆。詳しくは伝わっていないのですが、仁和寺の裁定は、深源が期待するようなものではなかったようです。

学衆たちのストライキ

そうこうするうち、秋の伝法会シーズンがやってくる。学衆は参加しようとしない。お坊さんたちのストライキですね。朝廷もこれはまずいぞ、と調停に乗り出す。そこに、深源の学頭任命には、本当に後光厳天皇のお許しがあったのか、という問題が浮上してきます。深源は、え？　いまさら何を？　三品局の文書があったじゃないか、と言うのですが、学衆たちはもう一度確かめてみようじゃないか、と言い張る。天皇の秘書室長のような役職、蔵人頭の任にあった柳原忠光《やないばらただみつ》にお願いしてお伺いをたててもらったところ、なんと天皇は「そんなことは朕《ちん》は言っておらぬぞ」とのこと。

これは一大事。深源は天皇のお名前をかたったことになる。謀略を仕組んだ、と責め立てられたのです。三宝院光済は、いや間違いなく三品局の文書はあった、と証言してくれるのですが、深源はここでとうとう観念した。実は光済と忠光は兄弟なんですね。そうすると二人のあいだに、柳原家の財産をめぐる争いがあったのかもしれない。学衆は光済に一泡吹かせることを良しとする忠光を抱き込み、陰謀事件をでっち上げたのではないか。

こうなっては、どうあがいてもムダだな、と思ったのでしょう。十一月三日、深源は学頭職を辞任します。その代わり、学衆の一員としての立場は保全して欲しい。ところが勢いづいた学衆たちに、容赦はありませんでした。謀略を企んだ罪は重い。学頭辞任は勿論だが、学衆からも追放するのが妥当である。ついに深源は学衆の名も剝奪されます。自分の弟子を新たな学衆として推薦することも許されませんでした。十一月六日、西方院仲我が学頭職に正式に任じられ、この一連の騒動は終結しました。深源は完敗したのです。

深源事件から読み解けること

この人事から何を読み取るか。深源って上昇志向が強く、人間的にイヤな奴だったんだろうな、とかの感想はちょっとこっちに措《お》いておきましょう。子供のケンカではないのだから、おまえ気にくわなくて嫌い、ではすまないのです。そこで彼らの論理の構造を見てみたい。

深源の主張は、わたしは一番の古株だ、長く仏にお仕えしてきた由緒正しい人間だ、ということ。彼の掲げる原理は、今の言葉でいえば「年功序列」にほかなりません。現代社会ですら、年功は重視されています。人事は順番。みんないつかは、それ相応な地位に就くことができる。ある意味、平等で、みなが納得しやすい。

中世は伝統的な社会ですから、ご想像通り、年功はより重い価値をもちます。仏教界には臈次、という言葉があって、ろうじ、もしくは、らっし、と読みます。これは受戒して正式な僧侶になってから何年か、ということを表し、序列づけは基本的にこの臈次によってなされます。多くの僧侶が一斉に読経している場面をご覧になったことがありますでしょうか。お坊さんたちは適当に座っているのではありません。臈次によって厳密に席が定まっている。ですから、深源の主張はまことに強力で、それゆえに一度は、正式に学頭に任命されているのです。

深源のいう年功に対抗するために、学衆たちはしきりに「器要」ということを強調します。仲我は器要の仁であって、学頭にふさわしい。深源は「非器」、器要ではないので、学頭にすべきではない、と言うのです。仲我は元来、深源につぐ臈次を有している。年功序列の面でも深源に十分に対抗できる存在なのです。それも勘案して、ここでは器要を「才能」と解釈してみましょう。

伝法会をよくリードする才能を備えているのは深源ではない、仲我だ、ということですね。現代の組織でもこの二つの理念は激しくぶつかります。年功序列か、才能か。順繰りか、抜擢人事か。ですから、もう一度くりかえしますが、対比の輪郭を明瞭にするために、今のところ器要を才能というふうに捉えておきたい。くわしくはあとで、もう一度よく考えてみたいと思います。

さて、そういうふうに解釈してみると、一三五八（延文三）年の伝法会学頭をめぐる人事の一件については、年功よりも才能が優先されているように見える。でもこの史実をもって、いつも年功に優越するわけではないにしろ、少なくとも才能を重視する傾向というか気風が、中世の日本にあったのだ、と直ちに結論づけられるのでしょうか。私はそれは、ちょっと短絡にすぎるという気がします。

試験による官吏の登用

というのは、中世の日本で才能があまりに軽んじられている例が明らかに存在しているからです。すなわち前章でも述べた朝廷の人事です。古代の昔から、日本の中央政府として、天皇が統轄する朝廷が存在していました。中央政府というと、世界史に例をとるなら、それを支えていたのは軍隊と官僚機構というのがお約束。日本の場合はどうだったのでしょう。源氏や平氏のような武士団を朝廷直属の正規の軍隊と解するか、それとも単なる傭兵集団ととるか、意見が分かれるところですけれど、ここでは判断を保留します。問題にすべきは、もう一つの官僚の方です。

中国では、あの聖徳太子が小野妹子を使者として派遣した隋《ずい》王朝において、官僚を登用する制度として「科挙」が創出されました。科挙は隋につづく唐でも用いられ、やがて宋王朝で盛んになって以降、最後の王朝である清《しん》の時代まで実施されていました。現在、大学に入学するためのセンター試験がそれに準《なぞら》えられることがありますが、そのあらましを述べてみましょう。

科挙とは、全国規模の官僚登用試験です。建前としては、男性なら誰でも受験することができました。合格すれば王朝の官吏に任用され、権力と富が約束されたのです。六世紀建国の隋王朝から、二十世紀初頭に倒れた清王朝まで。長大で多様な中国の歴史を貫く、まさに基本軸ということができます。その存在は周辺諸国に影響を与え、朝鮮半島の王朝やベトナムにも導入されました。中国にやってきたヨーロッパの人々も、すばらしい制度である、と高い評価を与えています。

隋と唐では、貴族たちが高い地位を独占しており、科挙は効果的には機能していませんでした。科挙が制度として安定的に運用されるようになるのは、先ほど述べたように北宋においてです。この王朝は軍閥の連合から生まれたのですが、かえって文治を重んじました。そのため、科挙の社会的な価値は急激に高まっていきました。科挙を突破して政務に関与するようになった新しい官僚たちは、皇帝の威光を背景に新しい支配者階層、「士《し》大《だい》夫《ふ》層」を形成し、政治・経済・文化を動かしていく。各界のリーダーとして振る舞うために、科挙での合格が前提とされる時代が到来したのです。

科挙には様々な改変が加えられ、呼称もその時々で異なります。ですが、そのおおよそを知るために、概略を記しておきましょう。科挙をこころざす者は、子どものころから猛勉強にあけくれることになります。いくつかの試験に合格し、学校や塾に所属して、まずは科挙の予備試験にあたる「科試」を受験する資格を取得します。あくまで、いまだ資格、です。お間違えのないように。

ともあれ、この資格を手にした者が「秀才」です。秀才になる時点で、多くの者が既にふるい落とされています。これになっておけば、地元の中級役人くらいには就職できたようです。家に財産がある人ならば、とりあえず一生が安泰でしょう。次いで秀才を集めて、科試が行われます。合格倍率は、なんと百倍といわれます。これに受かると「挙子《きょし》」の称号を得て、ようやく本番の科挙試験に臨むことになります。

科挙は、「殿試」、「会試《かいし》」、「郷試《ごうし》」の三段階から成っていて、初めに受けるのが郷試です。三年に一度、省都など各地方の統治府で行われます。郷試の合格者もまた百人に一人だそうですから、一万人の秀才のうち、合格者は僅かに一人（！）ということになるんですね。他のある資料では、三千人に一人といいます。ともかく超難関であったことには違いがありません。

三千人に一人の数字の方に依拠するとして、現在の日本に置き換えてみましょう。十代の各学年がほぼ百二十万人。みないっせいに科挙を受験して、合格するのはたったの四百人。一方で実際の「お受験」の頂点に位置づけられる東京大学の募集人員が文理併せて約三千人ですから、全員がトップクラスの成績で悠々と合格できる。こう数字を並べると、さらに科挙の苛酷さが身にしみますね。郷試の合格者の平均年齢は三十代後半だそうですが、まことに無理もありません。見事にこれを突破した者は「挙人《きょじん》」の称号を得て、彼の前には中央の官僚への道が一挙に開かれます。

郷試の翌年に、都で「会試」が開かれます。各地から挙人が集まり、受験するのです。

この試験での成績により、実際の官職が割りふられたようです。官人としての栄達を望むには、この会試で優秀な成績を挙げることがとくに重要であった、といいます。また、会試での成績優秀者を集めて、皇帝の前で行う試験が「殿試」です。これは合格・不合格を判定するものではありません。成績優秀者を表彰しつつ、皇帝との紐帯を強めるための、形式的なテストでした。

だれでも受験が可能であると謳《うた》ってはいますが、後顧の憂いなく勉学に打ち込むためには相当な財産が必要になります。働かずに食べられるだけの田畠がなくてはなりません。先生や学校への授業料、高価な書物の購入費も必要です。そのため科挙に合格できる者は、現実的には富裕層に限られていました。肩書きがあり、土地を集積し、財産を築く。そうした富裕層こそが、士大夫層なのです。彼らは政治・経済のみならず、文化のリーダーでもありました。多くの使用人に指示を与えて農作業をし、商品を売買して利潤を稼ぐ。余暇には本を読み、詩を作り、友人と風雅な宴会を催す。そうした動静は『聊斎志異《りようさいしい》』や『紅楼夢《こうろうむ》』など、日本でも広く読まれた物語、それに各時代の説話集に活写されています。

士大夫層はたしかにグループとして、科挙を通じて再生産されていきました。ただし、各々の家について見てみると、貴族の家は王朝が継続する限り繁栄することが少なくないのに対して、富貴をきわめた士大夫の家は四〜五代で没落するのが常といわれました。祖父も父も子も孫も、と代々が科挙に合格するのは至難だったからです。科挙に比べると断然「広き門」である東京大学ですら、親子三代、という例はあまり聞きません。科挙はもちろん、科試にも合格できない凡庸な当主がでれば、富家も一日にして没落する、という厳しい事態があり得たのです。

先述したように、歴代の中国の王朝と緊密な関係をもった朝鮮やベトナムは、この科挙の制度を取り入れました。その結果、たとえば朝鮮王朝は、官僚による支配がきわめて強固になりました。文官が武官を従属させる。シビリアンコントロールが実現しており、有名な両班《ヤンパン》の制度でも、文班は武班の上席に位置します。

科挙を拒否した日本

これに対して、わが日本はどうか。平城・平安の王朝は新しい国作りを目指して、遣隋使、遣唐使を中国に送りました。中国王朝をよくよく観察し、国家の骨格としての律令を熱心に学び、日本に移し取ったのです。当時の知識人層には、それはきわめて少数であったとしても、それだけ高度な学識と鋭敏な観察力があったわけですから、彼らが科挙を知らなかったわけがない。でも日本の王朝が科挙の制度や概念を導入しようとした形跡は、いまのところまったく確認できていません。

王朝の知識人は科挙について学んだ。けれども、これは日本には適合しないと判断して、採択しなかった。そう考えるのが自然だろうと私は思います。その結果として、どうなったか。日本には厳密な意味での官僚が育ちませんでした。

朝廷を貫く理念は世襲です。朝廷に出入りする官人は、みな父親も官人である人ばかりです。世襲の貴族なのです。朝廷外から登用されることはありません。どんなに富を蓄えようが、どんなに学識を積もうが、庶民の家に生まれた者が中央政府に出仕することはあり得ません。朝廷は完全に閉ざされた社会だったのです。

朝廷は貴族社会である。新しい者の参入を拒絶する。だから新しい価値観が育ちにくい。もちろん貴族たちだって良くも悪くも変化しますけれども、部外者を完全にシャットアウトしてのそれは、自己が徹底的に否定されることがないのですから、急激なものにはなりっこない。彼らは「新しさ」よりも、「古さ」を重視する。「古きもの」こそが「よきもの」であり、理想や模範は常に過去にあるのです。飽くことなく催される伝統行事においては、過去の忠実な再現が試みられます。精神世界の主流を占める仏教では、この世は釈迦に見捨てられた末法《まっぽう》の世、末世《まっせ》であるという認識が語られます。

王法と仏法は車の両輪である

この章の冒頭でも述べたように、天台・真言の仏教世界は、中世にあっては朝廷とパラレルな世界を形成していました。よく、王法と仏法は車（もちろんイメージされたのは牛車です）の両輪である、との主張が朝廷からも、仏教界からもしばしばなされています。天台・真言の頂点にある僧侶は、皇室や摂関家の出身です。それに仕える高僧は、上流貴族の子弟たち。聖界は俗界と同様なヒエラルキーを有していた。これは当時のキリスト教会やイスラム教会とも共通します。

小説などを読んでいると、南無阿弥陀仏と唱える念仏をひろめた鎌倉時代初めの法然《ほうねん》を描写する際に、こんなことが書かれています。彼は比叡山で修行して「智慧《ちえ》第一の法然房」と謳われた（ここまではホント）。妙な疑問をもたずに穏当に修行を続けていれば、比叡山を束ねる天台座主にもなれたものを、念仏を広めたい一心で山を下りたのだ……。

これは明白な誤り。法然は美作国《みまさか》の稲岡荘《いなおか》という荘園に勢力を持つ在地領主《ざいちりょうしゅ》の息子です。出家せずに家を継いでいたら、もしかすると源平の戦いに登場したかもしれない武士の家の人なのです。ですから、どんなに仏教について研鑽《けんさん》を積んだとしても、天台座主にはなれっこない。座主にお仕えする高位の僧侶グループにも入れない。なぜなら出自が卑しいから。学問も法力も関係ないのです。では更に踏み込んで問いかけてみましょう。昇進を望んだら、どのあたりまで行けたのか。これが難しい。そう簡単には答えられない。

僧侶の肩書き

でも、いま私は、この難問に立ち向かわねばなりません。というのは、深源や仲我たち、東寺の学僧の社会的出自を考えなくてはならないからです。

東寺の学衆たちは、真言宗の身分でいうと、第三番目に位置づけられると思います。第一グループは東寺長者になる、高貴な家の出身者。第二がそれに仕える、高位の僧侶グループ。彼らもまた先に記したように、貴族の子弟です。その次の第三グループが深源や仲我たち、学衆クラスの学僧というわけです。

ここで少しだけ蘊蓄《うんちく》を。僧侶の階級についてです。これまでにもちらほらとでてきた僧侶の肩書きをまとめておきましょう。僧侶の官位は貴族と同様に、朝廷から与えられていました。貴族の官位は従二位権大納言、のようなもの。従二位が位階。等級です。権大納言が官職。こちらは会社の部長とか課長などの役職に当たります。位階と官職の二つが組み合わされ、貴族の肩書きになる。位階と官職は釣り合いが取れていて、この官職に任じられる人はこれくらいの位階を持っている、と定められています。

僧侶の肩書きも僧侶の位階である僧位と、僧侶の官職である僧官から成り立っています。僧官から説明しますと、トップが僧正、次が僧都《そうず》、次に律師《りつし》。この下もあるにはあるのですが、貴族との対応を考えるなら、まあ、ここまででよいでしょう。より詳しくいうと、僧正には大僧正、僧正、権僧正があります。権は「かりの」と訓じて「仮の」と同義。権僧正は僧正より一つ下なのです。僧都には大僧都、権大僧都、少僧都、権少僧都の四つがあります。律師は律師と権律師の二つ。

僧位は上から法印、法眼《ほうげん》、法橋《ほっきょう》。その下が大法師《だいほつし》。より正式には法印大和尚位《わじょうい》、法眼和尚位、法橋上人位、伝燈大法師位となります。僧を敬って和尚《おしょう》さんとか、お上人様とか呼びますが、その名称はここに由来するわけです。また、釣り合いをいうと、法印と僧正、法眼と僧都、法橋と律師が相応します。

右の真言宗第一グループと第二グループの人は、みな僧正の僧官を有している。この人たちは朝廷でいうと上流貴族に相当しますので、しかるべき貴族の家の子弟で占められています。第三グループに属する東寺の学衆は、トップ一名だけが名誉的に権僧正になります。あとはみな僧都か律師。僧都は先述したように僧位は法眼のはずですが、中にはとくに法印の位を得ている者もある。そういう人は、僧位である法印の方で表記されたり、他者から呼びかけられます。深源もその一人ですので、深源大僧都ではなく、深源法印、となるわけです。

学僧たちの出自を調べる

さて、問題は第三グループの出自です。彼らもすべて貴族の子弟で、富裕であろうが在地に勢威を張ろうが学識を積もうが、庶民は絶対に学僧になれなかったとしたら。庶民に対して門戸を閉ざしている朝廷のありようを参考にすると、その可能性は相当に高いといえます。もしそうだとすると、先に示した指摘は、もう一度考え直す必要に迫られるのではないでしょうか。

学衆自体が社会全体のほんの一握りの特権階級に属するのだとすれば、その中で若干の地位の上下があったとしても、それはいわゆる「コップの中の嵐」。「出自」を根本の原理として成立しているグループの中で「才能」を言い立てたところで、それには出自の優越を侵害しない限りにおいて、という限定条件がついて回る。才能重視、は独り立ちの期待できぬ、看板倒れのかけ声にすぎなくなってしまいます。

そこで何はともあれ、学僧の出自を調べてみることにしました。こういう時に、必ず見る史料と言えば、『尊卑分脈《そんぴぶんみゃく》』という系図集。姓氏調査の基本図書で、室町時代前期に完成したといわれます。編者は洞院公定《とういんきんさだ》（一三四〇〜九九）で、彼の没後も養子満季《みつすえ》、孫の実熈《さねひろ》ら洞院家の人によって訂正や追加が行われたようです。新興の武士勢力についてはあまり詳しくありませんが、朝廷に仕えた上流・中流の貴族、高位の僧侶はたいてい記載されています。

学衆の上位者は大僧都、さらには権僧正の僧官を有しています。これくらいの人のデータであれば、『尊卑分脈』がひろっていても不思議ではない。そこで何人かをピックアップして調べたのですが……全く見あたらない。これはおかしいぞ、と他の人を見ても、やはり載っていない。右の第一グループ、第二グループの人は記されているのに。彼らみなが庶民の出であって、出自が定かではない、などということは、歴史学の常識としてあり得ない。とすると、右の第三のグループの僧侶は、系図に載せる必要がない。そんな明確な編纂の方針があったとしか考えられません。

やむなく、他の史料を探してみました。幸いなことに、東寺には古い過去帳が伝えられている。過去帳とは故人の戒名・俗名・死亡年月日・享年などを記しておく帳簿で、「東寺光明真言講過去帳」と「東寺過去帳」という史料をめくってみました。やはり、欲しいデータはなかなか見つかりませんが、辛うじて次のものを探し出しました。

・妙観院教遍（南北朝ごろの学衆）　父は正三位侍従・藤原教氏《のりうじ》
・大勝院弘経《こうきょう》（室町時代の応永年間ごろの学衆）　父は権大納言・平時経《ときつね》
・宝厳院宝清（やはり応永年間ごろの学衆）　父は修理《しゅり》権大夫《ごんのだいぶ》・入道清治《きよはる》
・観智院《かんちいん》真海（文明年間ごろの学衆）　父は参議・唐橋在永《からはしありなが》

たった四例ですが、想像どおり、父はみな貴族でした。やっぱり！

学衆といえば、当時の代表的な知識人です。落ち着いて勉強し、修行に励む。そうした環境を提供してもらえる人が、支配者層の子弟である。中世という時代によくよく思いを致してみれば、そうした状況は当たり前のことなのかもしれません。

何しろこの時代には、統一的な警察権力がない。悪いことをすれば捕まる、相応の罰を受ける、という社会的ルールが確立していないのです。ぼやぼやしていると、家も財産も奪われてしまう。命の危険にも絶えずさらされている。今日一日を生き抜くのに精一杯で、十年後はどうしようとか、将来何になろうとか、そうした展望をもつことを許されない。

そんな中で腰を据えて学問をし、経典を読む。それには科挙を受験するのと同じく、莫大な財力が必要でしょう。働かなくても食べられるだけの土地や特権。師匠や先輩に礼物も欠かせません。身の安全を守ってくれる家来だって、雇わなくてはならない。こうしたことは、庶民にはとてもできないことです。名のある学僧になるには、貴族の出自を持っていることが望ましい。

貴族出身ではない学僧を発見

いや、ここをきちんと押さえなくてはなりません。朝廷で働くには、貴族であることが必須条件でありました。庶民は厳密に排除されていたのです。そこには才能の有無が介在する余地はありませんでした。では、僧界はどうか。庶民に可能性はなかったのでしょうか。才能を頼りに、周囲に認められることはできなかったのでしょうか。

先に宝厳院深源と矢野荘の取り分を巡って争った杲宝（一三〇六〜六二）という僧侶に言及したのを憶えていますでしょうか。この杲宝さん、先述したように、何しろすごい学僧だったらしい。高野山で出家し、十七歳のとき東寺に来て頼宝に師事。一三四八（貞和四）年に勧学会学頭に任じられます。深源の一件のあった翌年、一三五九（延文四）年に大僧都に昇進しています。観智院《かんちいん》を創建してそこの院主になり、盛んに講義を行いました。高野山の宥快《ゆうかい》、根来寺《ねごろじ》の頼瑜《らいゆ》と並び称され、著書には後世への影響の大きな『大日経疏演奥鈔《だいにちきょうしょえんおうしょう》』五十六巻、『大日経疏鈔』二十七巻、『杲宝私鈔《ししょう》』十二巻など多数があるようです。なお観智院はこののち教学研究の中心となり、現在まで存続しています。

彼の事績がよく分かるのは、『本朝高僧伝』という伝記に記事があるからですが、それによると彼は下野、もしくは但馬の人で、俗姓は源氏であったとあります。つまり、明らかに貴族の子弟ではない！　やっと見つけました。杲宝こそは大切な実例です。彼は貴族の子ではなかったけれども、才能を認められて学衆に加えられている。しかも勧学会の学頭に選出されている。東寺には間違いなく、才能を重んじる気風が存在したのです。

ちなみに杲宝と並び称された宥快は左少将藤原実光《さねみつ》の子、とありますから、これは貴族の子弟。ですがもう一人の頼瑜は紀伊国那賀郡《なかぐん》の出身で、俗姓が土生川氏である、とのこと。土生川は「どじょうがわ」と読み、那賀郡で栄えた家。ですから、在地領主だった可能性が高い。醍醐寺と根来寺の両方に所属し、中性院《ちゅうしょういん》の院主になった彼もまた、貴族出身者ではありません。

こうして見ていくと、中世にはすでに「才能」を重視する、抜擢するというコンセプトがあった、といえそうです。もちろん、それはあくまでも仏教界という特殊な世界、しかも学衆のレベルに限定されたものでもありました。

そうなると、先に述べた法然ですが、智慧第一を謳われた彼ならば、天台座主、座主に直にお仕えする高位の僧侶グループには入れなかったでしょうが、その次に位置するグループに仲間入りすることは可能だったのかもしれません。もちろん、法然はそんな立身を望みませんでしたが。

第四章　貴族に求められた「才能」とは？

同僚貴族への辛口人物評

私はこれまで「才能」という言葉を漠然と用いてきましたが、それはいったいいかなる学問をベースとしているのでしょう。貴族たちは何を学び、どういうかたちでそれを用いることを期待されたのでしょうか。

ここでも貴族の日記をみてみましょう。天皇の祖先神である伊勢神宮はたいへんな尊崇を集めていましたから、それについてのもろもろの問題は、伝統を踏まえての合議によって慎重に検討されました。一二二九（寛喜元）年九月、この会議に列席した藤原頼資《よりすけ》（一一八二〜一二三六）という貴族は、同席した同僚に対しての痛烈な批判を日記に書き記しています。この記事は図らずも、貴族が身につけるべき素養を私たちに教えてくれます。

頼資は中級実務貴族で、権中納言まで昇進した人。やはり権中納言を終着点とした日野兼光の子です。第二章で見た経光は彼の子で、兼仲は孫になります。兄さんが本家を嗣いだので、別に家を立てました。これが室町時代に大活躍した広橋家で、彼はその家の初代さまにあたります。鎌倉時代には勘解由小路《かでのこうじ》という家名が断続的に用いられていたようです。

彼は名家クラスに属し、会議に出られる貴族としてはもっとも家格が低い。ですから、批判する対象も同輩に限られます。羽林以上の家格の人へのそうした行為はきわめて失礼であって、厳に慎まれたわけです。したがってプライベートな日記にも登場しません。

まずやり玉に挙げられたのは、朝廷と幕府との交渉という重大事を担当していた二条定高。当時の朝廷政治のトップであった九条道家（一一九三〜一二五二）に厚く信任された彼への評は「沈酔無実の才卿」。才能あふれる公卿なんていわれてるが、その説くところは酔っぱらっているように一貫性がなく、実がないじゃないか、というのです。自らの甥の日野家光（家を継いだ兄の子）は「儒卿《じゆきよう》たりといえども、道をたしなまざるか。才学欠如の人」。日野の家は儒学を家業とする家であるのに、あいつときたら勉学に励まない。才能も学力もないヤツだ。

やはり道家の側近である平経高《つねたか》への評には、悪意さえ感じられます。「かくの如きの時、口を閉ざす人」「雑言の時は弁舌ありといえども、かくの如き仗議《じようのぎ》以下の有事の日、一切弁じ申さず、当時の相公《しようこう》の中、才学あるのよし自称す、しかれども泥々《でいでい》なり、廊廟《ろうびよう》の器に足らず」。こういう正式な会議に際してはダンマリを決め込むヤツだ。くだらない話の時にはよくまあしゃべるけれど、陣議《じんのぎ》（正式な会議の第一）などの大事な話し合いになると、まったくもって弁が立たない。いまの参議（八人が定員です）の中で私こそは才能があるぞ、と自分で言ってるけれどドロドロだ。朝廷を支える器というにはほど遠い。

摂関家には近衛系と九条系の二つの系統があり、当時はライバル関係にありました。頼資はこのうち、近衛家に近いのです。彼も、子の経光も孫の兼仲も、若いうちは近衛家に仕え、家政を取り仕切りながら実務の経験を積む。それから近衛家の推薦を受け、経験を糧として、朝廷の実務官職に就くという順になります。これに対して二条定高・平経高は九条家の道家の抜擢を受けているし、日野家光も九条家に近い。それで頼資は定高以下に強烈な対抗意識を持っていて、酷評しているのでしょう。

一方、平範輔《のりすけ》は同じ近衛系であるせいか、高い評価を受けています。「随分、稽古の聞こえ有り、しかれども紀伝《きでん》・明経《みょうぎょう》のこと、あながちに才弁《さいべん》を漏《も》らさず、明法道《みょうぼうどう》のことに於いては随分力を入れると云々、今夜勘文を読み、その事の趣を披陳す、いずくんぞ故実を知るにしかん、王佐之道の至要なり、貴ぶべし」。

このなかにある「あながちに才弁を漏らさず」の原文は「強不漏才弁」です。この部分を何と読むのか、どういう意味なのか、ずうっと（延々三十年になろうとしています）考えあぐねていました。いま、ようやく正解がひらめきました。次のように解釈するのが良いのかな、と思います。

随分と勉学に励んでいると評判が立っている。しかしながら、紀伝道と明経道については、（彼は控えめなので）才能のあるところを人前ですすんで披露したことがない。明法道についても相当に努力しているということだ。今夜の陣議で文書を読みこなし、その学習の成果をみなに知らしめた。故実を習得するのはこの上なく大切で、天皇を補佐する臣としてもっとも必要なことだ。尊敬できる。

ちょっとだけ重箱の隅を突きます。イヤもう、既に十分に重箱の隅ばかりだよというお叱りはごもっともですが、「才弁」という言葉がやっかいで、私は右の解釈では、これを「才覚と弁舌」くらいに理解したのです。才覚と弁舌、あわせて才能、と。

ところが奥さん（本郷恵子という研究者です）に聞いてみたら、あ、その史料は私もずっと気になってた。私もよく分からなかったのだけれど、「才能のある弁官」の意味じゃないの？　というではありませんか。弁官は実務の要で、全部で七人。たしかに範輔はこのとき右大弁で、弁官の一員。この解釈だと読みは「あながちに才弁を漏らさず」ではなく「あながちに才弁に漏れず」となり、「紀伝道と明経道については、彼は才弁の一員に数えられる（ほどに優秀だ）」の意味になります。

才弁、という語は、他の日記や古文書に用例がないので、意味を他から推し量ることができない。もちろん辞書なんてありません。私としては、「紀伝道と明経道は、他に対して明かしてない。明法道は今日、披露した」という対比でもって解釈するのがいいと思う。でも、才能のある公卿を「才卿」と呼ぶ例は存在するので、妻の説も捨てがたい。中世史研究者というのはこんな些細なことに何十年も引っかかる人種なのだ、ということですね。まあ、それはともかくとして。

紀伝道、明経道、明法道

頼資のこの文章から、明らかに読み取れることがあります。それは貴族が切磋琢磨して学ぶべき具体的な対象として、紀伝道、明経道、明法道という学問があるということです。日本ではお茶でもお華でも剣でも柔でも、なんでも茶道・華道のように、至高の境地に達するための「道」にしてしまうわけですが、学問をなんとか道、というのがそのはしりなのでしょうか。

紀伝道は歴史、それも中国史を内容とする学科です。やがて漢文学の学科である文章道《もんじょうどう》と併せて歴史・漢文学の両方を習得する学科となり、学科の名は「紀伝道」、学業を成し遂げた博士は「文章博士《もんじょうはかせ》」と別々の名称を用いました。先にみた頼資の日記に、日野家光について、彼は儒卿であり、日野家は儒教を学ぶべき家だとありましたが、言い方を変えると紀伝道の家でもあります。

教科書としては歴史からは「三史」と呼ばれた『史記』・『漢書《かんじょ》』・『後漢書《ごかんじょ》』、それに『三国志』・『晋書』など。文学からは『文選《もんぜん》』や『爾雅《じが》』などが用いられていました。なお、「三史」は七三五（天平七）年、遣唐使の任を務めた吉備真備が、まとまったかたちで唐より持ち帰ったといわれています。

明経道は儒学を研究・教授した学科です。これを家の学問として学習したのは、清原《きよはら》氏・中原氏など、下級の官人でした。教科書はまず『論語』と『孝経』。それに三経（詩経・書経・易経《えききょう》）、三礼《さんらい》（周礼《しゅらい》・儀礼《ぎらい》・礼記《らいき》）、三伝（春秋左氏《さし》伝・春秋公羊《くよう》伝・春秋穀梁《こくりょう》伝）。このうち三伝の『春秋』は歴史書です。そのことがよく示すように、明経道は次第に紀伝道と内容が重なるようになっていきました。

儒学の聖典として、よく「四書五経」といわれます。中国ではまず『易経』・『書経』・

『詩経』・『礼記』・『春秋』の五経について膨大な研究が蓄積されました。そののち、南宋の朱子（一一三〇～一二〇〇）が『礼記』から『大学』と『中庸』を独立させ、『論語』・『孟子』と合わせ「四書」としました。五経以前に学ぶべき入門の学としての位置づけを与えられ、元代からは科挙の科目に採用されたのです。

四書五経と明経道の教科書とを比べてみると、『礼記』から『大学』と『中庸』が独立するのが鎌倉時代初期にあたることを踏まえると、そのほとんどが一致します。

例外は『孟子』です。これだけが明経道の教科書に入っていない。また知ったかぶりをすると、日本では学者の名は「もうし」（前三七二?～前二八九）、書名は「もうじ」と読みました。中国最古の詩篇とされる『詩経』のうち、毛家に伝わったものを『毛詩』といいますが、それと区別するためだそうです。

その『孟子』で重要なのは、有名なあの「易姓革命《えきせいかくめい》」の考え方が書かれていることです。これは後の章でまた言及しますが、天命を体現できない愚かな王は滅ぼしてしまってかまわない、という考え方です。

はじめ本家の中国では、孟子の地位はあまり高くなかった。中唐期に韓愈《かんゆ》（七六八～八二四）が『原道《げんどう》』を著し、孟子こそは戦国時代の儒家のうち、ひとり孔子の理論を受けついだ後継者なりと位置づけ、ここから孟子の再評価が始まりました。宋代の十一世紀半ば、『孟子』はようやく科挙の試験科目に入れられたのです。

ですから、日本の奈良・平安時代に『孟子』が教科書に用いられなかったのは、ごく自然な成り行きでした。本場中国での再評価を受けて、その内容は次第に日本にも伝えられたわけです。

明法道は律令そのものを教科書として、律令や法学一般を学ぶ学科です。もともと大宝律令が制定された七〇一年時点では、律令の解釈を専門とする官人はおろか、それを育成する仕組みも存在しませんでした。なぜか。律令が生まれた中国においては、儒教（日本では明経道）こそを君子の学問である、と考えました。法学を含めたその他については、学問としての価値を低いレベルでしか認めませんでした。その影響を受け、律令を取り入れた日本でも明法道が置かれなかったのです。

うらむ、法学は全ての学問の基礎にして帰結である、といばっている法学部の先生方に聞かせてあげたい、いいお話ですね。いやまあ、それはあくまで冗談として、そののち律令を運用しているうちに必要性が高まり、明法道は正式な学問として定立されました。ただし、いかなる講義が行われていたか、詳細については明らかではありません。これを家業として学習したのは、坂上氏《さかのうえ》・中原氏などの下級官人です。

算術は幻術？

これらの他に、算道というものがありました。これは何を学んでいたのか、具体的には何一つ分かりません。他の三つに比べても、とくにイメージするのが難しい。僅かな手がかりとなるのは、律令法が定める算道の教科書で、その中に内容が明らかな『九章算術』があります。これは中国でもっとも古い数学書の一つで、三国時代の劉徽《りゅうき》（二二〇ごろ〜二八〇ごろ）という人の注釈を付した本が日本に伝わっています。

この本には二百あまりの問題が収められていて、ゼロと正負の計算、田畑の面積計算、分数の計算、お金の利息計算、平方根や立方根、体積、連立一次方程式、ピタゴラスの定理などが含まれています。これらを学んだのだとすれば、習得の主たる目的は、租税の計算だったのではないでしょうか。この土地とこの土地はこれくらいの面積があるので、この荘園の耕地は総計するとこれくらい。税率はこれくらいだから、税額はこう。そうした計算をしていたのでしょう。

ただし鎌倉時代の『吾妻鏡』には、算道の達人同士の幻術合戦、などというエピソードが収録されています（正治二・十二・三）。こんな感じです。

源性《げんしょう》という無双の算術者がいた。田のほとりで里坪を見るや、広さをぴたりと言い当てる。陸奥国伊達郡で領地争いがあり、彼が土地の測量に赴いたところ、その旅の途中で一人の僧侶に会った。自らを天下第一の算術者だと誇るので、こしゃくに思った源性は勝負を挑んだ。僧は算木《さんぎ》（割り箸のような形状の棒。計算に用いる）を源性の周囲に配置した。するとそこには大海が出現し、風雨や波が激しく襲う。源性は堪《たま》らず、僧侶に自身の驕りをわびて、負けを認めたという。

随分と奇天烈な要素が混入してしまっています。ただし一方で、土地の面積を測ることが算術者の役割として明記されている点は、確認しておくべきでしょう。下級官人の小槻《おづき》氏が家の学問としていました。

「歴史」が一番格上？

紀伝道、明経道、明法道、それに算道。これらは総称して「四道《しどう》」と呼ばれました。それぞれには古代からの独自の歩みがあったのですが、中世においてはなかば形骸化・空洞化して、教授法や習得のメソッドがきちんと整備されたものではなくなっていました。それでも、公卿たるものはそれぞれの学問を学び、精通しているべきだ。平範輔をほめながら、藤原頼資はそう主張したかったのでしょう。

歴史・故実・伝統を体得し、律令や文章表現をよく学ぶ。朝廷でもっとも重要な会議に出席したときに、貴族を測る価値基準となるのは、そうした才能や才覚でした。さらには、これは読みすぎになってしまうのかもしれませんが、自分こそは才覚を備えた、かくあるべき貴族であるという自負が頼資にはあって、それが他者への痛烈な批判の源になっているのではないでしょうか。こうした人を測る尺度と自負とは、少なくとも実務に携わる名家の人々（頼資も九条道家の腹心たちもその一員であるわけですが）のあいだで広く共有されていたと思われるのです。

さて、四道のうちで格が上といえば、なんといっても紀伝道です。紀伝道をよく修めた指標の官職としては文章博士、それに式部大輔《しきぶだいふ》などがあります。前者は先に述べた通り、学科の名は「紀伝道」、学業を成し遂げた博士は「文章博士」なのです。後者は天皇の侍読《じどく》、平たくいうと家庭教師を務めた儒学者が就任する慣例となっていました。

これらの官職を得た人は、努力と運に恵まれれば、さらに一段の立身を期待することができました。朝廷には、豊かな学識を活用して行政に寄与する「文臣」の系譜がありました。有名な菅原道真（八四五〜九〇三）を筆頭に、紀長谷雄《きのはせお》、三善清行《みよしきよつら》、大江維時《おおえのこれとき》、大江匡衡《まさひら》（維時の孫）、大江匡房《まさふさ》（匡衡の曾孫）、藤原信西《しんぜい》たちです。

彼らはそれぞれが当時随一の博学をもって聞こえ、朝廷政治の方向性を定める上で大きな役割を果たしています。その過程で道真の右大臣は例外的な大出世としても、長谷雄と維時と匡房が中納言、清行は参議と、議政官へと昇進しています。匡衡は参議までもう一息、式部大輔で止まりました。

上皇の最側近でも少納言どまり

その点で異色なのは、鳥羽《とば》上皇、後白河《ごしらかわ》天皇の側近として知られ、保元・平治の乱の中心人物ともなった藤原信西《しんぜい》（一一〇六～六〇）でしょう。藤原通憲《みちのり》、入道して信西は、藤原南家《なんけ》（繁栄したのは北家《ほっけ》）の学者の家に生まれました。その家は曾祖父の実範《さねのり》より以来、代々儒官の家系として知られていました。ただし、家格が低いために官途は振るわず、祖父の季綱《すえつな》が大学頭《だいがくのかみ》に任じているのが目立つくらいです。大学頭は式部大輔、文章博士とともに大学寮関係の職責で、学者が任用されます。

父の実兼の急死により、七歳の通憲は親戚の高階経敏《たかしなの》の養子となりました。こののち彼は高階通憲として権勢者に仕えながら勉学に励み、無双の学識を謳われるようになります。法令と判例を集成した『法曹類林《ほっそうるいりん》』の編纂にあたり、のちには歴史書である『本朝世紀《ほんちょうせいき》』をまとめています。

通憲の望みは、文臣としてのしかるべき官職への就任、あわせて学問の家である実家の復興でした。ところが、すでに当時の公家社会は世襲や家格がきわめて重く作用するようになっていて、ひとたび高階氏に入った通憲は、実家の藤原実範・季綱らのあとを襲う資格を失っていたのです。

当時、政治を覧《み》ていたのは、院政を布いていた鳥羽上皇でした。通憲は博識を高く評価され、院政の政治顧問として用いられていました。上皇は信西の境遇を憐れみ、藤原姓への復姓を許して少納言に任命します。さらに子息の俊憲《としのり》には、文章博士・大学頭に就任するために必要な資格入手の機会を与えました。通憲は家名の再興を次代に託し、出家して信西を名乗ります。こうして少納言入道信西が誕生し、保元の乱の後には朝廷政治を一身に担うまでになるのですが、それはまた別の話になりますので、他の機会に解説いたしましょう。

ここで注目するべきは、専制君主と位置づけられている院政の主であっても、世襲とか家格には迂闊《うかつ》に手が出せない、という事実です。朕の意のままにならぬのは山法師と鴨川の水とサイコロの目だけ、と白河上皇（一〇五三～一一二九）は豪語しましたが、鳥羽上皇はその白河上皇の孫であり、専制君主としての権力を祖父から譲り受けている。ですから上皇のすることに文句の言えるものは、当時の朝廷には存在しなかった。

けれどもその鳥羽上皇でさえ、信任する信西をドン！　と大納言などには抜擢できなかったのです。そんなことをすると全体のバランスが崩れ、朝廷の人事体系が壊れてしまう、という判断なのでしょう。内実をもたぬ、あたかも盲腸のような少納言という官職を与え、かつ子息に文章博士への道を開く。それがせいぜいなのです。世襲の力の重さが実感できる事例です。

大江広元の官位は？

似たようなことは、源頼朝の側近で鎌倉幕府の創業に大きな貢献をした大江《おおえ》広元《ひろもと》にもありました。

紀伝道の大家として名高い大江維光《これみつ》（匡房の孫で式部大輔）の実子で、中原広季《ひろすえ》の養子となったのが広元だとする史料があり、それは逆で広季の実子で維光の養子だとする史料もあります。大江家の系図では後白河上皇の側近である藤原光能《みつよし》（正三位参議）の子で、母の再婚相手の中原広季に養育されたとあります。ともかく、鎌倉幕府のために働いていたころの彼は、ずっと中原広元を名乗っていました。

幕府の勢威の高まりは、将軍の政所《まんどころ》の別当を務めていた広元の官位をも上昇させていきます。官職はまず因幡《いなば》守に任官し、明法博士、左衛門大尉《さえもんだいじょう》、検非違使《けびいし》、兵庫頭《ひょうごのかみ》、掃部頭《かもんのかみ》、大膳大夫《だいぜんだいぶ》を歴任する。位階は従五位下から正四位下へ。一二一六（建保四）年一月、六十九歳で正四位下の陸奥守になりました。この官位は幕府の執権、北条氏に並ぶもので、あと少しで公卿（従三位以上）の仲間入りです。

そこで広元は朝廷に願い、同年閏《うるう》六月に大江氏に復姓します。これまで中原氏で公卿になった者はいない。文人貴族の名門である大江氏であれば、維時や匡房などの先例がある。それで大江氏を名乗ったのです。さあ、準備は万端整った。ところが不運なことに、この時の広元は、三代将軍の源実朝を諌《いさ》める立場にありました。

そんなに貴族としての昇進を急いでは、武士たちの支持を失いますぞ。そう実朝の昇進を押し止めておいて、自分は公卿の仲間入りをする。さすがにそれはできなかったのでしょう。遂に広元は、正四位下陸奥守を極官（キャリアのピーク）として出家しています。なお、私の師匠の五味文彦は、幕府の権力者の北条義時が広元に圧力をかけ、昇進をあきらめさせたのだ、と説いています。ありそうな話だと思います。

紀伝道の話が長くなってしまいました。他の道も見ていきましょう。明経道、明法道、算道は、下級官人の家との結びつきを深めていきます。明経道は清原氏に中原氏。明法道は坂上氏に出自をもつ中原氏、算道は小槻氏です。これまで何度か言及しているので、ここで下級官人についてきちんと説明させて下さい。

昇殿できるかできないか

位階が五位以上の人を殿上人《てんじようびと》といいます。天皇の生活の場である清涼殿《せいりようでん》に上がることを許されるので、建物の上の人、という意味での呼び名です。六位以下の人を地下人《じげびと》といいます。清涼殿に昇ることを許されません。地に畏《かしこ》まっている人というところから、こう称されたのです。と、今まで私は、説明してきました。だいたいはその通りなのですが、これは実は正確ではありません。というのは、五位以上の地下人もいるし、六位の殿上人もごく僅かながら存在するからです。

重箱の隅をまたまた突きます。何の得にもなりませんが、トリビアルな蘊蓄を喜ぶのは生きものの中で人間だけだそうですから、人間らしい高度な振る舞いとして、許容して下さることを願います。

五位以上の人、および六位の特定の職にある人が、天皇の許しを得て清涼殿の南にある殿上の間に昇ることを許される。これを昇殿といいます。昇殿できる人、それを殿上人という。これが厳密な定義になります。三位以上の位階を有する人は原則的に昇殿が許されます。三位以上の貴人を公卿、別名を上達部《かんだちめ》といいますが、その特権とはまさにこれ。自動的に昇殿が許されること、なのです。

ただし、天皇との関係が悪く、朕はあの者の顔など見とうはない、とばかりに昇殿を許されぬ公卿、「地下の上達部」もごくまれに存在しました。例えば藤原道長（九六六〜一〇二八）の時代の源頼定。この人はたいへんなハンサムであったらしく、『枕草子』にも、「かたちよき公達《きんだち》」として登場します。三条《さんじよう》天皇が皇太子であった時、皇太子に仕えた藤原綏子《すいし》（道長の異母の妹）と密通し、懐妊させてしまいました。そのため、三条天皇は昇殿を許さず、三位の頼定は「地下の上達部」の身に甘んじることになったのです。まあ、これは身から出た錆、仕方ありませんよね。

四位と五位の人は、昇殿宣旨《せんじ》といって、天皇の許しを得た後に昇殿を果たしました。頼定のように、余程のことをしでかさぬ限りは、容易に許しを得られたようです。ですから、五位以上の人を殿上人と称する、と説明しても、さほど誤ってはいないわけですね。なお天皇の秘書役である蔵人のうち、六位の蔵人。彼らは天皇の側近く仕えるという職務上の理由から、六位でありながら例外的に昇殿を許され、殿上人となりました。これが先に述べた、六位の殿上人です。

こういう知識は歴史学よりも、むしろ国文学が詳しい。『源氏物語』や『枕草子』など、平安時代の女房たちが書いた文学作品を読むのに必要なのですね。さて、以上を踏まえたところで、肝心の下級官人です。

殿上人と地下人の格差

殿上人と地下人との間には、絶対的な段差が存在します。ここでも世襲・家格が幅をきかせるのですが、祖父や親が殿上人になっている家では、子も殿上人になります。叙爵《じょしゃく》といって、従五位下、つまり五位のうちもっとも下位に叙されることで、貴族社会にデビューします。昇殿を許され、家格に従って上級貴族になったり、中級の実務貴族になったり。公卿になれる人も、なれぬ人もいますが、その子どももはやり叙爵から初めて、殿上人になる。

ところが地下人の子は全く異なる生涯を送る。その家が地下人の家系であれば、どんなに有能な行政手腕を有していても、博学でも、芸能に優れていても、昇殿は許されず、殿上人にはなれません。位階も五位に上がることはほとんどない。たまになれた人がいたとしても、それで地下人の家が殿上人の家に格上げされる、というわけではない。彼の子どもはやはり地下人として一生を送るほかないのです。

くり返しになりますが、日本は科挙を導入しなかった。本来の意味の官僚を、きちんと育成できないのです。けれども政権が機能しはじめれば、どうしても官僚的な役割を果たす人材は必要になってくる。資料を揃えたり、証拠書類を管理・保存したり、上級貴族が概念として投げてきた政策の細部を整えたり。朝廷はそうした仕事を地下人たちに割り振った。地下人は代々世襲で継承されていく、コンセプトとしては下級ながらも門閥《もんばつ》貴族なのですが、官僚としての活動を求められた。それで私は、政治家にも比すべき上級貴族、実務をこなす中級貴族、それに官僚的な下級官人、というクラス分けが適当だろうと思っています。

政務を運営するために、どうしても必要な官職で、なおかつ下級のものとして、史《し》と外記《げき》と検非違使が挙げられます。史は公文書の作成をつかさどる官で左右・大小の四種類があります。左大史が上席、右少史が末席です。各二名ずつなので、計八名。外記は様々な案件を処理する多忙な官職でしたが、それでかえって、特化した職務を形成していません。古記録（貴族の日記）を読んでみると、事に応じて先例を詳細に調べあげる様子がしばしば出てきます。大小の二種類があり、それぞれ二名で計四名。のちに権大外記など権官が置かれ、計六名となりました。

検非違使は本来、都市京都の刑事・民事事件を担当する役職でしたが、やがて刑事事件は幕府が管轄するようになり、もっぱら民事を担当しました。長官である検非違使別当は上級貴族、次官である検非違使佐は中級実務貴族が務め、その下の検非違使大尉と検非違使少尉を下級官人が担当しました。大尉は定員四名。少尉の人数は定まっていません。

ちなみに、源義経が任じられたのは、この検非違使少尉です。長官、次官につぐ三等官である判官《ほうがん》の一人だったので、源九郎判官、の名称が生まれました。

さてここで、またまた世襲と家格です。史の第一席の左大史、外記の第一席の大外記、検非違使では大尉。これらに任じる家が、次第に固定化していきます。左大史の上首を官《かん》務《む》と呼びましたが、これに就任するのは小槻氏。大外記の上席が局務《きょくむ》で、中原氏と清原氏が任じました。検非違使の大尉には、坂上氏と坂上氏系の中原氏が補されたのです。官務や局務、それに衛門大尉《えもんだいじょう》はしばしば五位に任じましたので、これを五位を意味する大夫

（たいふ、と訓じます。たゆうと読むのは高級遊女の花魁《おいらん》です）を付して、大夫史、大夫外記、大夫判官と呼称しました。もちろん昇殿が許されることはなく、地下人のままです。世襲・家格のしきたりは頑丈で、なかなか崩れることはないのです。

注意深く読んで下さっている方はお気づきになっているかもしれませんが、史・外記・検非違使の官職の世襲は、先述した家の学問と連動しています。すなわち、以下のような組み合わせが成立しているのです。

- 小槻氏
  家の学問として「算道」を習得。
  職務は「史」を世襲。
- 清原氏、中原氏
  家の学問として「明経道」を習得。
  職務は「外記」を世襲。
- 坂上氏、坂上氏系中原氏
  家の学問として「明法道」を習得。

職務は「検非違使」を世襲。

とても整合的にきっちりとまとまっています。ただ、まとまりすぎている感じも否めません。かたちが整えられているだけで、内実はたいしたことはなかった、というのが実情なのかもしれません。

第三章で述べた通り、中国の富貴をきわめた士大夫の家は四~五代で没落したといいます。歴代が科挙に合格するのは至難だったからで、これはよくわかる話です。学問の家にも、同じことがいえそうな気がするのです。歴代がその学問に抜群に秀でていた人ばかりだった、粒ぞろいだったとは考えにくい。もっとも、そんな学問をする人が日本中でその家の人に限られていたとすれば、その家は絶えず日本一の学問水準を保っていたことにはなりますけれど。

第五章　才能か徳行か家柄か

才能を用いよ——九条道家の上奏文

これまでの章では才能であるとか、世襲であるとか、そうした価値観が中世の朝廷の内外に存在することを確かめてきました。人事やいざこざを通して垣間見える貴族や宗教者、当時の知識人層の考え方を拾いながら、彼らの行動の指針を復元してみたのです。

この章では、今度は真正面から、為政者たち自身の「なまの」評価を聞いてみたく思います。本当に数は少ないのですが、人の用い方はこうあるべきだ、と貴族たちが自身の意見を開陳している資料があります。それを検討しながら、当時の社会上層でどういう価値が幅をきかせていたのかを見ていきましょう。

この章で取り上げる時代は、承久の乱（一二二一年）以降です。幕府に敗れ、軍事力を奪われてしまった朝廷は、自分たちの権力基盤について改めて見直す必要に迫られます。そのなかでどういった「人材」を必要としたか、とも関わってくる問題です。

まず登場するのは、摂関家の九条道家《くじょうみちいえ》（一一九三〜一二五二）です。彼こそ承久の乱以後の朝廷改革を担った人物といえるでしょう。後鳥羽上皇以下三人の上皇が配流され、仲恭天皇も廃されるなか、古代よりこのかた支配者として君臨してきた朝廷は、すっかり信頼を失ってしまいます。こうした状況で関白として朝廷の首班の地位を襲った道家は、税の徴収すらおぼつかなくなった朝廷の立て直しに努めました。

道家の強みはなんといっても、幕府の後援を期待できたことでしょう。彼の子息である頼経は、嬰児のころに鎌倉に迎えられ、鶴岡八幡宮で不慮の最期を遂げた源実朝のあと、第四代将軍となりました。九条家は道家の祖父の兼実のころから親幕派と目されていましたが、将軍の実父という縁戚を利用した道家は、幕府との連絡を独占します。新たな権勢者である幕府との交渉ルートを排他的に確保することにより、彼は二十年にわたって朝廷の実権力を掌握します。

道家は一二二八（安貞二）年、後堀河天皇の関白となり、政務を領導しはじめます。翌年十一月に長女を天皇の女御として入内させると、彼女はすぐに皇子を出産。一二三二（貞永元）年十月には渋る天皇を譲位させ、二歳になった皇子を即位させました。これが四条天皇です。鎌倉時代の政治の慣行からすれば、この時点で後堀河新上皇の院政が始まっても不思議はない。ところが道家の権勢がたいへんに強力だったため、新天皇の外祖父にあたる彼が、政務を担いつづけました。平安時代の摂関政治が、例外的に復活したのです。

翌一二三三（天福元）年五月、道家は天皇に対し、「このような政治を行うべきである」という上奏文を提出しました。奏状は三つの部分から成っており、Aで朝廷人事の、Bで政務決断の、あるべき姿が説明されます。そのうえでCにおいて、AとBとを徳にあふれた政治、当時の言葉でいう「徳政」を行うための方法として位置づけ、実行を天皇に願うのです。といっても四条天皇は、わずか三歳の幼児。まだ何もできません。ですから幼帝を呼びかけの対象とするこの奏状は、天皇をいただいて朝廷政治を推し進める、道家自身の施政方針の表明であったと理解できましょう。

ではその奏状を丁寧に見ていきましょう。原文は和風の漢文で書かれていますが、大切なところを抜粋して、おおまかな訳をしてみましょう。

Ａ　一つ、任官と叙位の事

……唐の太宗《たいそう》の言うことには、政治を行うための要点とは、ただ人材を登用することにある。人材を登用しないでは、絶対に道理に則した政治は行えない。一つのポストを二人が争うようならば、第一に才能で選ぶべきである。ともに才能がすぐれているようなら、勤務態度を基準とすべきである。早朝に起きて夜遅く寝て、上奏を怠けず行うような者は六正臣《せいしん》のうちの忠臣にあたる。官職に就いていることに安心して給料ばかりむさぼり、仕事をしないのは六邪臣《じゃしん》のうちの具臣にあたる。その正邪を考えれば、差別せずにはいられまい。この才行と奉公の二つのことがもし同じなら、その時はその人物が昔からの官人か、由緒がないかを考えるべきだ。

＊唐の太宗　五九九〜六四九。名は李世民。唐朝の第二代皇帝。唐王朝の基礎を固める善政を行う。中国屈指の名君とされる。
＊六正中の忠臣　六正とは六種類の正しい臣下をいう。『説苑《ぜいえん》』（中国の儒書）に見える。
＊六邪中の具臣　六邪は六種類のよこしまな臣下のこと。やはり『説苑』による。

B　一つ、訴訟を決断すること
……理と非とを決定することは行政の要である。慎重に対処して、道理を追求するべきである。大事は記録所に下して、考えさせ、決定させるべきである。小事は御所で評議すべきである。いま広御所《ひろのごしょ》への昇殿を許された人のうちで「顧問に預かる人々」がいるであろう。その人となりを考えて、定め置くのが良いのではないか。「顧問に預かる人々」が合議する日を毎月三度、定めるべきである。臨時の合議は、議題の性格によって行うべきである。彼らの合議が一致して道理を求めても、必ずといってよいほど権勢者の妨害にあう。一度決めたら実施を遅らせてはならない。たとえ少々の批判があっても、合議をきちんと行っていれば、誤りもないし、疑いもないのではないか。

C　以上、徳政の要件はおよそこのようなものである。天の戒めや神社の怪異がともに繰り返し起こっている。とくに慎まれるべきである。妖しいことは徳には勝てないし、仁はよく邪を退ける。もっともお考えを致して、実施に移されるべきである。……仁政の実行を思うあまりに……周囲を気にせずに……天皇を恐れずに思い切って申しました。

謹んで奏上いたします。

天福元年五月廿一日従一位藤原朝臣《あそん》道家

＊天の戒め　具体的には天変地異のこと。世の乱れを天が怒り、警告を与えていると考えられた。この奏状が書かれた少し前、寛喜年間（一二二九〜三二）は気候が不順で大飢饉が起き、多数の人が餓死した。

＊神社の怪異　朝廷がまつる格の高い神社で怪異が起こること。建物が鳴動したり、木が一斉に枯れることなどがこれに当たる。

裁判だけではなかった「訴訟」

まずBの部分を見てみましょう。「訴訟決断」を積極的に行おうではないか、との呼びかけがなされています。当時でいう「訴訟」は、今のように裁判のみを意味する言葉ではありません。もっと広く、朝廷の自覚的な裁定が必要とされることを包括しています。政策の立案も、経済戦略の策定も、幕府や大寺社との交渉も、貴族・僧侶・神官の人事も、それにもちろん刑事・民事の裁判も、訴訟の一部です。つまり訴訟とは、行政・立法などさまざまなジャンルを包括する概念なのですが、そうした訴訟を積極的に展開しよう、というのです。

広御所というのは正確にはどういうところか分かりませんが、ともかく御所の中の主要な建物です。そこへの昇殿を許された殿上人、そうした人々の中から「顧問に預かる人々」を定め、評議を開催しよう、との提言がなされています。興味深いことに、彼らによる評議は、権力をもっている連中に妨害されるのが常だ、とあります。こころざしある人たちが新しいプロジェクトを立ち上げようとすると、既得権益をがっちり握る有力な一派に妨害され、ヘタをすると潰される。そうした事態は今でもしばしば見られますが、似たような事情があったのでしょう。

調べてみると、道家の周囲には、中級貴族に属する特定のスタッフが集められ、道家とともに話し合いを重ねていました。彼らを奏状にしたがって、学問的には熟さぬ言い方でありますが、「顧問に預かる人々」と呼んでおきましょう。注目すべき事に、この「顧問に預かる人々」の活動が盛んになるにつれて、上級公卿による会議は、仗議《じょうのぎ》とか陣議《じんのぎ》とか呼ばれるものですが、役目を奪われ、かたちだけのものになってしまいます。平安時代からの歴史を有する仗議の形骸化はこれ以降も進行し、二度と実体を取り戻すことがありませんでした。

それをふまえて、Aを見てみましょう。この部分では、三つの価値が明記されています。すなわち才能、奉公、重代《じゅうだい》です。なかでもっとも重視されているのが才能。ついで奉公の精励です。最後に、その人の家がどのように朝廷に仕えていたか、父や祖父も重職にあったか、そうではないかが問題になります。

何よりも才能。ここにいう才能とは、第四章で確認してきた紀伝・明経・明法・算など、伝統的な学問の習得を核とするような能力、と理解するのが妥当でありましょう。それにしてもこれは、きわめて注目すべき提案です。というのは、世襲を根幹の原則として成り立っている朝廷では、先ずは「重代か、非重代か」が吟味されるはずであり、才能の抜擢は困難な仕組みになっていたからです。何度も述べたように、父が大納言なら子も大納言。父が参議なら子も参議。父が下級官人なら、どんなに努力しても子は殿上人にはなれず、やはり下級官人のままでいる。それが原則です。もしもすばらしい能力を発揮するからといって、下級官人を大臣などに任じたら、貴族社会は根底から覆《くつがえ》ってしまいます。

道家の抜擢人事

では道家は、最初からできっこないプランを、タテマエとして提起しているにすぎぬのでしょうか。そこで、彼の政策チーム「顧問に預かる人々」を具体的に検討していきましょう。道家が信頼したメンバーは菅原為長《ためなが》・平経高・二条定高《さだたか》・吉田為経・葉室資頼《すけより》。二条定高の父は参議の九条光長《みつなが》。吉田為経、この人は第二章でふれた中御門経任のお父さんですが、彼の父は参議の吉田資経《すけつね》。葉室資頼の父は右衛門権佐の葉室宗方《むねかた》。この三人は蔵人や弁官を歴任する、実務官の家の人です。道家の側近として仕えることは、全く不自然ではありません。ただし、みな父の官職を越えて中納言になっています。それを重視するなら、生まれた「家」が政治的なポストを用意してくれた上に、道家によって才能を認められたのだ、といえるかもしれません。

より注目すべきは、菅原為長と平経高です。為長は菅原道真の直系の子孫で、当時を代表する紀伝道の学者です。父は大学頭の菅原長守《ながもり》。栄達した人ではなく、実務官でもなく、政治に関わっていません。経高の父は治部大輔《じぶだいふ》だった平行範《ゆきのり》。この人も政治とは無関係。為長と経高は殿上人どまりだった父を超え、公卿に昇進する。とすれば、彼らの登用については、道家の抜擢人事であったと評価できます。道家は彼らの才能を高く買い、自らの側近くに置き、補佐役として重用したのです。

「顧問に預かる人々」の政治的台頭は、才能を重しとする道家の主張を、多少なりとも実現したものといえましょう。道家は第四章に見た藤原頼資のような、才能に自他の存在意義を求める人々を集め、摂関に直属するシンクタンクとしたのです。それまで朝廷の議決を担ってきた上級貴族ではなく、実務に堪能な中級貴族をもって、訴訟にあたらせる。才能の家柄への優越、という提案は、訴訟制度の上で、一定の実現を見ていると評価できます。

歌人として有名な藤原定家（一一六二〜一二四一）は「経高卿、俄《にわか》に病悩す、衰え損じて石蔵（京都の北方の岩倉）に在りと云々、末代といえどもなお過分《かぶん》の官途を忘れるべからざるの由、逢うごとにこれを誡《いま》しむ」と日記『明月記《めいげつき》』（嘉禎元年閏六月二十九日）に記しています。いまは何事もデタラメな末代（正しい仏法が伝わらぬ乱れた時代）ではあるけれども、あんたのように身に過ぎた位階や官職を得るのはいかんよ、と平経高に会うたびに注意しているという。早く引退しろ、と忠告しているのです。

「顧問に預かる人々」は、それまでの朝廷の慣習からすると、行政の主役にはなり得ない階層の出身者でした。彼らが訴訟に枢要な位置を占め、さらにそれが制度的に位置づけられたことは、朝廷の歴史上、一つの画期となりました。それでも、飛び抜けて思い切ったこと、たとえば民間人の登用などは、やはりまったく考慮されていません。世襲の大枠を逸脱しない、限定的な改変であったことには留意しておかねばなりません。

才よりも徳行——合理主義者・徳大寺実基

二十年にわたって君臨していた九条道家を政権の座から逐《お》ったのは、幕府の助力を取りつけた後嵯峨上皇（一二二〇〜七二）でした。ただし上皇は、九条家の突出は否定しましたが、道家の施政の方針と手法とは引き継いでいきます。中級の実務貴族と結びつき、彼らを院政の担い手として、政務の実権を掌握していくのです。

「顧問に預かる人々」と同じ役割を果たす組織として、「評定衆《ひょうじょうしゅう》」が設けられました。

彼らは上皇に直属し、上皇とともに熟慮を重ね、訴訟を決断していきます。鎌倉時代を通じて機能し続けたこのグループには、高い見識を有する上級貴族も名を連ねることがありました。本項ではその中の一人、徳大寺実基《さねもと》（一二〇一〜七三）の考え方を取りあげ、分析してみたいと思います。

実基は祖父も父も左大臣という名門に生まれ、清華家の人として順調に出世していきました。一二四六（寛元四）年に評定衆が初めて置かれた時、内大臣になったばかりの彼は、五人のメンバーの一人に選ばれています。時に四十六歳。一二五三（建長五）年には父祖を越えて太政大臣になり、一二六五（文永二）年に出家して引退します。法名は因性《いんしょう》といいます。

彼は当時としては珍しく、きわめて合理的な思考を体得していたようです。『徒然草』の二百六段と二百七段には、彼の有名なエピソードがつづられています。

・下級官人の牛車をひく牛が、検非違使庁の長官の部屋に上がりこんでしまった。みなは不吉だと大騒ぎし、長官（徳大寺公孝《きんたか》）の父の実基にどうすればよいか、と対処法を尋ねた。だが実基は取り合わず、「牛には分別がないのだ。足があるのだから、どこにでも上るだろう。貧乏な官人の通勤用の痩せ牛を、処罰するために取りあげたところで、まったく意味がない」と言って放っておいた。

・後嵯峨上皇が御所の亀山殿《かめやまどの》を造営するときに、夥《おびただ》しい数の蛇が集まった塚が見つかった。土地の神だとみなが騒ぐので、上皇はどうすべきかを実基に尋ねた。すると、「王土に生きる虫（当時、蛇は虫に分類されていたのですね）が、皇居を建てるのに何の祟りをなすでしょうか。だいたい、神や霊というのは邪悪なことをしないものです。どちらにせよ罰はありますまい。みな掘り捨てるべきでありましょう」と答えたのでその通りにしたが、何ら怪異は起こらなかった。

彼のクールな人となりがよく示されています。

後嵯峨上皇への意見状

その実基が、後嵯峨上皇に意見状を提出しています。因性と署名していますので、実基が出家した一二六五（文永二）年より後のことであるのは確実です。一二六八（文永五）年、モンゴルの国書が日本にもたらされました。上皇はこれを機に、政治のあり方について識者に意見を求めました。私の師匠の五味文彦によれば、この意見状はこの時に作成されたものの一つではないか、といいます。ともあれ、気になる部分を抜粋してみましょう。

（あ）賢才を選抜する時には何を優先すべきかの事
……魏徴《ぎちょう》が言う。戦乱の時は、ただ才能だけを評価して行いは顧みない。太平の時代には必ず才能と行いが両立してはじめて、これを官に採用すべきである、と。これに加えて古人は言う。徳行が才能に勝る人を君子といい、才能が徳行に勝る人を小人というのだ。君子は才能を用いて善をなす。小人は才能を用いて悪をなす。才能を用いて善をなすならば、どのような善をもなすことができる。才能を用いて悪をなすならば、どのような悪もまた、なすことができる。古くから国を乱す臣下、家をほろぼす子どもは、才能が余りあって徳が足りない、と。これらを参考に熟慮するに、才能の誉れが高くても賢い行いのない者は、用いるべきではないのではないか。

＊魏徴　唐の太宗に仕えた名臣。

＊ただ才能だけを評価して　魏の曹操の「ただ才のみ、是《こ》れ挙《あ》げよ。吾《わ》れ得《え》て之《これ》を用いん（才能のみを基準として人を選び推挙せよ。私が登用してその才を活かそう）」という政策を念頭に置いているか。

（い）雑訴など、人の煩いがないようにすぐに取りはからうべき事

右、上皇の御所で、評定が物ごとを十分に奥底まで審理し、その上で奉行人がそれぞれ忠節と正直を重んじて執り行うならば、どうして訴人が思い煩うことがあろうか。

＊奉行人　蔵人と弁官を指す。

（う）人材を確保して良い政治をすること

右、行政の要点は、人材を確保することにある。人材がそろっていなければ、堯《ぎょう》・舜《しゅん》で

あっても、どうして民を教導できようか。……魏徴が云う。人を知ることは古くから難事とされてきた。それゆえにその人の事績を見て地位を上げ下げし、その人の善悪を観察する。いま人を登用しようとするならば、必ずその人の行いをよく調べ見るべきだ。その人が善であると分かって、それから仕事をさせたなら、たとえその人が大事を成せなかったとしても、才能が及ばなかっただけのことである。大きな害悪にはならない、と。まことにその人の家に対しての行動を見て国家への貢献を想像し、親への孝行の様子を見て君への忠節を推量すれば、大きく食い違うことはないだろう。

＊堯舜　堯と舜。中国上代の聖天子。

（あ）は全十四条中の第三条、（い）は第十二条、（う）は第十三条にあたります。（い）の雑訴への積極的な姿勢はこれでよいとして、問題とすべきは（あ）と（う）に見られる才能と行いとの関係です。

才能と徳のある行い。あるいは賢い行い。（あ）では泰平の時代には才と徳とがともに重要だと主張しながら、ついで古人＝司馬光（一〇一九〜八六）の『資治通鑑《しじつがん》』を引用し、徳の価値を才よりも上位に置きます。そうしておいて、才があっても行いに問題がある者は用いるべきでない、と結論します。

（う）でも、人を選ぶ基準とされるのは行いの方なのです。行いの良い人がかりに仕事に失敗しても、大きな害は生じない。才能がなかっただけの話だ、と説きます。ここでは才能は低い位置に貶められ、それが欠如したとしてどれほどのことがあろうか、というくらいの扱いになるのです。

上級貴族のリアリズムと限界

先に九条道家は人材登用の第一に、才能を挙げました。これに対し実基は、それを重視しようとしません。彼の出自を考慮すると、その判断は得心がいきます。すなわち、彼は清華家の人、上級貴族なのです。とくに才能を誇示しなくても、高位高官が約束されている階層の人物なのです。才能に高い価値を与えたならば、新進の中級貴族たちが権勢をもつ。上級貴族の優位は失墜する。現実をよく見通す合理主義者である実基は、そう見抜いていた。それが、徳は才に勝る、という主張に直結していくのです。

だがもう一点、留意すべきことがあるように思えてなりません。それは、中級の実務貴族の躍進から伝統ある摂関家や清華家を守るには、行い重視の論理では不十分、ということなのです。徳のある行い、賢い行いは、けっして上流貴族の専売特許ではありません。やんごとない人の中にも愚かな行いをする者はいたわけですし、少なからぬ中級貴族が非の打ち所のない行動を示したでしょう。それゆえに摂関家や清華家の優位を強く訴えようとするなら、やはり「重代」こそを強調しなくてはならない。九条道家が才能よりも、奉公よりも、軽視した重代を、です。

上流と中流の家を端的に分かつ要素は何か。それは過去に於ける家の繁栄であり、先祖が帯びた官職であり、先祖が掌握した権力です。そうしたものが重代の中味であり、つまりそれは世襲、ということです。世襲だとか重代を積極的に前面に押し出していけば、上級貴族の優位は揺るがない。

けれども、実基はそうはしなかった。現実の見える実基には、それができなかったのではないでしょうか。重代は日に日に形骸化していく。実務貴族の進出は顕著であって、もはや重代をもちだす状況にはない。貴族なら誰にとってもニュートラルな、徳ある行い・賢い行いを強調して推奨しなくてはならない。そこに冷静かつ現実的な実基の、限界を見ることができるようにも思えるのです。

奉公に励めよ――伏見天皇の要請

九条道家、徳大寺実基はともに上級ながら「臣下」です。では、彼らを用いる「君主」はどのように考えていたのでしょうか。あまり資料のない中で、伏見天皇（一二六五～一三一七）の感想を見つけることができました。この天皇の即位から、大覚寺統と持明院統が交代で天皇を出す両統迭立の時代がはじまり、伏見天皇は長く親政・院政を行って、朝廷をリードしました。

第二章でふれた平仲兼という名家の貴族を参議に任じたときに、伏見天皇は次のような感想を記しています（『伏見天皇日記』正応五年二月五日）。

・家格の上下や父祖の功績によって厳しく昇進の度合いを定めたならば、家が良く、歴代出世している者は、自身の出自を誇って一生懸命に勤める気持ちを持たない。身分が低く、卑しい者たちは、昇進の見込みがないために、奉公するモチベーションが上がらない。

・日野家や勧修寺《かじゅうじ》一門や平家などの連中は、かつて懸命に働くことによって立身し、家を興した。その家々の子孫たちが、出自を頼りに、表裏のない勤めを心がけなかったら、どうして分に過ぎた昇進を許されるだろうか。蔵人や弁官を勤める中級の実務貴族として、家格の上下に依らず、奉公の懸命さを考慮して、重く用いるべきである。
・そうであるから、むかしは摂関や大臣に任じた家の人であっても、むなしく閑職に甘んじたり、身分の低い人であってもしきりに高官に任じるケースもあり得るのだ。いまは世も末な末代《まつだい》であるから、奉公の成果を評価することがなければ、国に酬いるために無私の精神で働くような人は出現しない。

平仲兼の父は正四位下で兵部卿《ひょうぶきょう》の平時仲《ときなか》。母は正五位下、惟宗行貞《これむねゆきさだ》の娘。父母の家格からすると、仲兼は参議になって、公卿に列することのできない人でした。そのため、伏見天皇が彼を抜擢すると、人々はかげにかくれて非難したようです。そこで天皇は、このように反論しているのです。

九条道家は、貴族を用いる指標として、才能・奉公・重代の三つを挙げました。徳大寺実基は才能と行いとを挙げました。これに対し伏見天皇は、天皇・上皇への「奉公の浅深」を提起し、「重代」と対比させています。君主を満足させるためには、献身的な奉公をしなくてはならない。それがどういう性格のものであるのか、具体的には記されていません。ですがおそらく、それは才能も徳のある行いも含みこんで期待されているのでしょう。この点で、伏見天皇の考えは、道家と実基の先鋭な主張を一度ゆるくまとめている、と理解できるように思います。

摂関家や清華家の出身だから、出世は約束されている。そう安易に考え、身を入れて奉公しなければ、いつの間にか閑職に追いやられることになるぞ。日野・勧修寺・平家の名家の人たちは、蔵人や弁官を務める家として懸命に奉公しているから、家格に依らず、奉公により、抜擢すべきだ。そう主張しています。

天皇が求めた人材とは？

こうした伏見天皇の率直な意見は、二つの意味できわめて示唆的です。

一つめ。天皇が中流貴族の登用に、明らかに前向きであること。先に「顧問に預かる人々」の系譜を引き、上皇に直属する組織として評定衆があった、と述べましたが、彼らは大きく、二つに分けられます。大臣にもなりうる上流貴族＝（A）型の評定衆と、蔵人や弁官として豊富な実務経験を有する中流貴族＝（B）型評定衆と、です。

鎌倉時代後期にあっては、君主といえども安閑とはしていられませんでした。皇統が持明院統と大覚寺統にまず二分割され、大覚寺統の方はさらに自統内に、複数の天皇候補を抱えていました。上皇も天皇も皇子たちも、ライバルの動向にたえず気を配り、我こそはすぐれた君主なり、と内外にアピールし続ける必要があったのです。

一二二一（承久三）年の承久の乱で幕府に手痛い敗北を喫した朝廷は、政治のやり方を変革しました。世の人々の愁《うれ》いや歎《なげ》きに広く目を配り、能動的に対処しようとしたのです。その先頭に立ったのが後嵯峨上皇より始まる歴代の上皇たちであり、上皇の手足として活躍したのが中流の実務貴族だった。（A）型評定衆よりも（B）型の評定衆こそを、上皇は新しい統治の補佐役として選択しました。伏見天皇の言葉には、その趣旨が明瞭に表現されています。

二つめ。天皇は我こそすぐれた君主なるぞ、と内外にアピールした、と右に書きました。このとき天皇は自分の何を磨いて、すぐれた君主たらんとしたのでしょうか？　それを正確に捕捉するのは、資料の制約があって難しいのですが、間違いなく一つは徳大寺実基が説くところの、徳です。たとえば伏見天皇の皇子である花園《はなぞの》天皇。この方は歴代随一の思索家として高名なのですが、天皇の日記には自らのすぐれた才能を誇る記述は見られない。その代わりに、こんな記事があります。後醍醐天皇に譲位する際に書き記した感想を、読み下し文にしてみます（『花園天皇日記』文保元年三月三十日）。

つらつら案ずるに、まことに不徳の身、いかでか亀山院以後代々の聖代にすぎんや。事理もっともしかるべし。敢えて怨《うら》むところにあらず。ただ運の拙《つたな》き、徳の薄きことを歎くべし。……而して朕《ちん》は、随分稽古《しこう》し、学は至らずといえども、心を励まし、徳にいそしみ、仁を施す。もしくはこの一徳、わずかに天意に叶うか。已《すで》に十年の在位、天道神慮、悦《よろこ》ぶべし、悦ぶべし。

＊事理　ここでは後醍醐天皇への譲位を指している。

分かり易い文章ですから、現代語訳は必要ないでしょう。花園天皇は自己が皇位にあること、天の意志に叶うことの根拠を「徳があること」に求め、日夜励んだ、というのです。徳の大切さは、当時の知識人層が等しく認めるところだったのでしょう。それゆえに徳のある政治である「徳政」の実現が渇望され、また『太平記』は序文において、其の（天皇の）徳、欠けるときは、位ありといえども、たもたずと、きわめて簡明に言い切るのです。

世襲はすべての基本――北畠親房の苦渋

九条道家が才能、徳大寺実基が徳、伏見天皇が奉公を重視する中で、肝心の世襲はどこへ行ってしまったのでしょう。一見すると、これらもろもろの価値の攻勢に押されているかの如くですが、いやいや、それでも貴族社会の大枠は変化していません。朝廷はなおも、上級貴族、中級実務貴族、下級官人の三者によって運営されています。世襲は否定されることなく、根本的な原理として機能している。そう考えざるを得ない。

才能や徳などを推奨しながら、世襲の論理を保存し、これに依拠する。こうしたあり方をはっきりと明示してくれるのが、さらに時代は下って、鎌倉末期から南北朝時代に、南朝の指導者として活躍した北畠親房（一二九三〜一三五四）です。彼は後醍醐天皇に仕え、天皇亡き後も南朝の中心人物となりました。精神面でも、実際の軍事行動においても、南朝勢力の先頭に立ったのが親房だったのです。有名な話ですが、彼は一三四〇（暦応三）年ごろ、関東エリアに拠点を築く軍事活動に従事しながら、南朝の正統性を訴える歴史書、『神皇正統記』を著しました。その叙述に従って、親房の考えを見ていきましょう。

まずは、この文章（原文のカタカナをひらがなに直し、適宜、漢字に直したり、送りがなや句読点を付しました。以下も皆これに同じです）。

昔、人を選び用いられし日は、先ず徳行をつくす。徳行おなじければ、才用あるを用いる。才用ひとしければ労効《ろうこう》あるをとる。又徳義・清慎《せいしん》・公平《くびょう》・恪勤《かくごん》の四善をとるとも見えたり。格条には「朝に断養《しよう》たれども、夕に公卿にいたる」と云《いう》ことの侍るも、徳行・才用によりて不次に用いらるべき心なり。（『神皇正統記』後醍醐天皇の条）

＊断養　薪や馬の世話をするしもべ。

これも現代語訳の必要はありますまい。まず徳行。徳行が同じなら才用ある人。才用が等しかったら労効ある人。親房は、その順番で官人を任用すべしといっています。「徳行＞才用＞労効」ですね。

徳を才の上位に置く点で、親房は徳大寺実基と意見を同じくしています。実基の家格は大臣になれる清華。親房の北畠家は代々が大納言になる、清華に次ぐ羽林。ともに由緒ある家柄であり、中流貴族＝名家の人々が政治的に躍進する中で、発言力を失っていく立場です。親房が名家の羽振りに批判的であったのは、やはり彼が著した『職原鈔《しょくげんしょう》』に明らかです。実務に精通するより、大切なことがあるのだぞ。そうした思いから、才よりも徳を、と強調したのでしょう。徳を重視しようとする親房の認識は、先述した当時の風潮と良く親和します。

北条泰時を高く評価

では、もしも廷臣を束ねる天皇に徳がなかったら、どうするのでしょうか？　津田左右吉は早くも一九三九年、「徳なき君は位を失ひ賢者が位を得るといふ思想を親房が是認してゐることは、堯舜の禅譲《ぜんじょう》や桀紂《けつちゅう》の滅亡を（シナのこととしてではあるが）正当視してゐるのでもわかる（武烈天皇の条）」（「愚管抄及び神皇正統記に於けるシナの史学思想」）と指摘しています。そういえば確かに親房は、此の天皇、性悪《せいあく》にして人主《じんしゅ》の器にたらず見え給ければ、摂政なげきて廃立《はいりゅう》のことを定められにけり。……此の大臣まさしき外戚の臣にて政をもっぱらにせられしに、天下のため大義を思いて定め行われける、いとめでたし。（『神皇正統記』陽成《ようぜい》天皇の条）

＊此の天皇　陽成天皇を指す。位を降りた時に満十五歳であって、本当に暴虐であったとは考えられない、というのが現在の解釈である。
＊摂政　藤原基経《もとつね》。外戚とあるが、陽成天皇の伯父（生母藤原高子の兄）に当たる。

と、陽成天皇に退位を迫り、その大叔父（陽成天皇の祖父の文徳《もんとく》天皇の弟）である光孝《こうこう》天皇を即位させた藤原基経を高く評価しています。また、後鳥羽上皇を承久の乱で打ち破り、隠岐島に流した北条泰時については、

大方、泰時心ただしく政すなおにして、人をはぐくみ物におごらず、公家の御ことを重くし、本所のわずらいをとどめしかば、風の前に塵なくして、天の下すなわち静まりき。……彼の泰時あいつぎて徳政を先とし、法式を堅くす。（『神皇正統記』後嵯峨天皇の条）

と最高の賛辞を送っているのです。後鳥羽上皇を正面切って不徳の君、と指摘することはさすがに遠慮しているものの、上皇が孤島に流されたことをやむなし、と受け入れているのです。ですが、その親房の眼前には、後鳥羽上皇と同じく、武家によって追いつめられた後醍醐天皇の姿がありました。

いまや建武政府は崩壊しました。不屈の精神力だけは衰えも見せぬものの、現実的に失敗し、零落した後醍醐天皇とどう向きあうか。たとえば万里小路宣房《までのこうじのぶふさ》という人は、大覚寺統の重鎮として親房と並び称されていましたが、京都にとどまり、北朝に仕える道を選びました。北朝は彼を厚遇し、万里小路家は室町時代を通じて繁栄していきます。ですから親房も、落ち目の天皇を見限って、北朝に祗候《しこう》することができたでしょう。親房は実は、建武政権では嫡子の顕家《あきいえ》とともに奥州に赴くなど、「窓ぎわ」に追いやられてもいたのです。

でも彼は、そうはしませんでした。文事を事とする貴族の常識を打ち破り、軍務にも積極的に参加しながら、息子の顕家をも犠牲にし、自身が戦場に倒れる危険に遭いながら、南朝への忠節を貫いたのです。新田義貞の部将、堀口貞満《ほりぐちさだみつ》にまで、いま洛中数箇度の戦に、朝敵勢い盛んにして官軍頻《しき》りに利を失い候事、全く戦の咎《とが》に非ず、ただ帝徳の欠くる処に候歟《か》。(『太平記』巻十七、自山門還幸事)

と面罵される、「帝徳に欠けた」後醍醐天皇。親房はその天皇を守り立てるために、どのような論理を構築したのでしょうか。

積善《しゃくぜん》の家に余慶《よけい》あり、といいます。「積善の家には必ず余慶あり。積不善の家には必ず余殃《よおう》あり」という『易経』の文が原典で、ある人が善行を積めば、その余慶が子孫に及ぶ、という意味です。下川玲子は親房がこれを強調し、様々なケースに用いていることを見出しました(『北畠親房の儒学』、ぺりかん社、二〇〇一年)。たとえば、先に触れた藤原基経は暗君である陽成天皇を降位させました。

天下のため大義を思いて定め行われける、いとめでたし。されば、一家にも人こそ多く聞こえしかど、摂政関白はこの大臣のすえのみぞたえせぬことになりにける。次つぎ大臣大将にのぼる藤原の人々もみなこの大臣の苗裔《びょうえい》なり。積善の余慶なりとこそおぼえは

べれ。(『神皇正統記』陽成天皇の条)

藤原基経が天下の大義を思い、天皇の廃位を行ったことはたいへんに素晴らしい。そのためにその余慶が後代に及び、摂政・関白は彼の子孫で占められ、大臣・大将にも次々に任じられている、というのです。また北条泰時を高く評価する箇所では、北条氏滅亡について次のように論じています。

彼の泰時、あいつぎて徳政を先とし、法式を堅くす。己が分をはかるのみならず、親族ならびにあらゆる武士までもいましめて、高官位をのぞむ者なかりき。其の政、次第のままに衰え、ついに滅ぬるは天命の終わるすがたなり。七代までたもてるこそ彼が余薫なれば、恨《うらむ》ところなしと云つべし。(『神皇正統記』後嵯峨天皇の条)

子孫は先祖の徳を享受できる。一人徳の人が出れば、七代は天命は終わらない。これは今まで既に出てきた言葉を用いるなら、「重代」の重視ということになります。九条道家と伏見天皇は、この「重代」を乗り越えるべき価値として否定的に言及していました。徳大寺実基は、敢えて取りあげませんでした。その重代がここで一躍、全てに優越する価値として注目されるのです。そして重代とは、わたしたちに馴染みある言葉に置き換えれば、「世襲」に他なりません。

「万世一系」は是か非か？

親房は不徳の天皇（たとえば後鳥羽上皇のような）の追放を是認しました。ですが積善の余慶の論理をもってすれば、一身が不徳であっても祖先が様々に善行を積んでいるから、天皇そのものの否定や滅亡はあり得ません。天皇の継承の姿は、結局は、古代から連綿と続く「万世一系」となります。

後醍醐天皇の近臣に吉田定房《さだふさ》がいます。親房、先述した万里小路宣房とともに「三房《さんぼう》」と称された人で、中流実務貴族として初めて、内大臣に昇った人でした。彼は後醍醐天皇に意見状を奉っているのですが、その中で驚くべきことに、万世一系を否定的に捉えています。天皇家は万世一系である。だから衰える一方で、いまさら往時の栄光を取り戻すことは不可能である、と言い切るのです（この点、詳しくは後の章で論じます）。

親房は全く逆です。徳ある天皇たちが位について、次々とその余徳を後世に伝えていくイメージなのです。その継承のさまは積極的で、より一層の進展を期待できる。きわめて前向きな「万世一系」観です。現実には南朝はほとんどの軍事力を失い、吉野山中に窮迫していました。この窮状を打破するには、後醍醐天皇は正統天皇であるべきで、「万世一系」は輝く将来を保証しなければなりませんでした。だからこそ親房は、現実を叱咤するために、世襲を重し、とするのです。

世襲は徳行にも、才能にも優越する。積善の余慶という補助理論を用いて、親房は世襲を徳と才の上位に置きました。ですが先の『太平記』の「其の徳、欠けるときは、位ありといえども、たもたず」の文や、花園天皇の言葉を想起するならば、「徳の尊重」こそが当時のコモン・センスを形成していたのではないでしょうか。

加えて京都には、下克上のはしりともいえる「バサラ」の気風が登場してきます。高師直《こうのもろなお》であるとか、土岐頼遠《ときよりとお》のような、バサラ大名が我がもの顔に振る舞う。摂関家のお姫様を強奪したり、上皇にそのときの気分で矢を射かけたりするのです。朝廷風の伝統的な価値観は一挙に覆され、徳行や才能すらも、踏みつけにされました。

そうした中では世襲を第一とし、古い価値の保全と振興とを力説する親房は、思想的には少数派だったと考えられるでしょう。新興勢力たる武士たちは、彼の言説に接しても、居ずまいを正そうとはしませんでした。道徳よりも実利をとる。それが当然だったのです。ために親房の計画は常に頓挫を来たし、南朝は吉野山中での籠居に甘んじざるを得ませんでした。

三種の神器だけでは十分ではない？

「世襲の重視」をいうだけでは、人は微塵《みじん》も動かない。親房も切歯扼腕《せつしやくわん》しながらも、それを十分に理解していたように思えます。だからこそ彼は、南朝の正統をいうために、さらなる概念を追加した。それが「天照大神《あまてらすおおみかみ》の神勅《しんちよく》」と「三種の神器」の強調なのだ、と私は理解しています。

『日本書紀』の天孫降臨の段において、天照大神は孫の瓊瓊杵尊《ににぎのみこと》らに、日本国は「吾が子孫の王たるべき地なり」と神勅を下しました。その証拠として、鏡（八咫鏡《やたのかがみ》）・玉（八尺瓊勾玉《やさかにのまがたま》）・剣（天叢雲剣《あめのむらくものつるぎ》）の三種の神器を授けた。いま三種の神器は南朝にある。だから南朝の帝こそ、真の、また唯一の天皇である。この論理の運びは明治政府や皇国史観が大いに鼓吹しましたから、いまもたいへんに有名です。

あれ？　後醍醐天皇は北陸に赴く恒良《つねよし》親王に神器を授けなかったっけ？　とか、いくら室町幕府に油断があったといっても、天皇が吉野に逃亡するときに、ひとたびは持明院統に渡したはずの神器を持ちだすのは無理でしょう？　等々、吉野にあった神器＝唯一無二のホンモノ、というところに疑問を持つことはあえて致しません。ただ既に明治時代、碩学の誉れ高い田中義成《よしなり》が「神器の所在を以て正統となす説は、学術上には価値なし」（『南北朝時代史』、一九二二年）と断言しているのを紹介するに止めます。

それよりも、私が重要だと考えるのは、先に触れた下川玲子の『北畠親房の儒学』での以下のような指摘です。すなわち、親房は、三種の神器を保持しているだけでは、正統な天皇であると認めていないのだ、と。

此の三種につきたる神勅は正しく国をもちたるべき道なるべし。鏡は一物《いちぶつ》をたくわえず……これ正直の本源なり。玉は柔和善順《にゅうわぜんじゅん》を徳とす。慈悲の本源なり。剣は剛利決断を徳とす。智恵の本源なり。此の三徳を翕《あつ》め受けずしては、天下の治まらんことまことにかたかるべし。（『神皇正統記』天津彦々火瓊々杵尊の条）

このように、「正直」と「慈悲」と「智恵」を三徳と位置づけ、三徳をあつめ備えることを天皇＝統治者の資質として要求するのです。

ただ神器を継承しているだけでは不十分であって、三徳を積まねばならない。そうでなければ陽成天皇の例を見たように、「性悪にして人主の器にたらず」と判断され、皇位を降り給え、と強要されることもあり得る。私たちはここにも、世襲と徳との微妙な関係を見ることができるのです。

三徳を積むのは持明院統の人々にも可能なわけであり、そうなると南朝の正統性はまた揺らぎます。先に引用したように、堀口貞満などという田舎武士にすら「わが軍が戦うと負けるのは、あなたに徳がないせいだ」と喝破《かつぱ》される、「帝徳に欠けた」後醍醐天皇。その天皇をあくまで守り立てねばならぬ親房は、世襲と徳の二つの価値観のあいだをしきりに行き交い、煩悶《はんもん》するのです。

第六章　武士の技能と家の継承

武士とはそもそも何だろう

承久の乱を大きな契機として、政治の実権を武士が握るようになります。武士たちは、軍事力という実力によって、朝廷から権力を奪ったことになりますが、武士集団内部の権力構造や秩序意識が完全に実力主義だったかといえば、そうではありません。むしろそこには強い「家」意識を軸とした独自の「世襲原理」が存在しました。

彼らの権力構造を見る上では、まず「武士とは何か」という問いに答えなくてはなりません。現在の学問状況は、この根本的な質問に対して、二通りの答え方を用意しています。一つは、武士を社会経済的な見地でカテゴライズする。武士とはどういうふうに生産物を獲得し、生活する人々なのか。もう一つは、彼らの職能に注目します。武士とはどのような技能をもつのか。

まず前者について、ごく簡単に。武士とは、学問的には、在地領主と呼ばれる存在であります。祖先が開拓し、遺してくれた土地。それを「一所懸命《いっしょけんめい》の地」として維持し、生活を営む。農民の先頭に立って農作業を行い（勧農《かんのう》といいます）、耕地の拡大を図ります。

家畜を飼育し、山に猟し、川に漁して実りを得ます。侵入してくる外敵に対しては、武装して実力で対抗します。ここに「武士」が生まれる、というわけです。

後者については、少し詳しく見ていきましょう。これまで本書は貴族や僧侶、伝統的な勢力の才能について確認してきましたが、新興の武士はどうでしょう？　いかなる技能や才覚を習得すると、武士は敬意を得られるのでしょうか。あるいは、もっと突きつめるなら、どんな職能を有するとき、武士としての認定を受けるのでしょう。

十世紀ごろ、各国の国衙《こくが》（現在の県庁）は、国司が主催する「大狩《おおかり》」という特別な狩猟を行っていました。国の山野に棲息するイノシシやシカを仕留め、土地の神々に捧げるのです。国司の任期は四年ですが、大狩は任期中に一度きり。つまり四年に一度、国を挙げての一大イベントだったのです。私の師匠である石井進（中世史家）は、この大狩に正式に参加する人々、彼らこそが武士である、と定義しました。

大狩に参加するためには、国衙に自己を認識させないといけない。ある人が「よし、オレは今日から武士になるぞ」と勝手に宣言しても、だれも納得してくれませんよ、ということなのです。その人が武士であるか否かは、そもそもは国衙が判断していた。ですから当然、その人には国衙への奉仕が要求されます。国司その人に仕えて、褒美として下級の官職を与えられる、などというケースもあるのです。

では、国衙はどのような能力に注目して、武士の認定を行うのでしょう。それが「狩り」という行事に集約されている、と考えられます。狩りに参加して成果を挙げるためには、先ずは馬を乗りこなさねばなりません。森や林の中を必死に逃げる野生動物を追跡するのですから、熟練の馬術が必要です。次に獲物を仕留めるのですから、弓の名手であること。動かない的を射抜くのですら難しいのに、俊敏な獲物に、しかも馬上から矢を当てねばならない。これは、厳しい修行あってこその技能です。

国衙に仕え、特殊技能である馬術と弓矢の上手。彼らこそが武士と呼ばれる存在だったのです。私たちは武士といえば「さむらい」を思い浮かべます。「さむらい」というと「チャンバラ」、刀を振り回すイメージが強烈ですし、江戸時代にあっては「刀は武士の魂」でした。でも、そもそもは、そうではないのです。刀でなく、槍でもなく、弓なのです。

今川義元や徳川家康は軍事にすぐれ、「海道《かいどう》一の弓取り」と賞賛されました。弓こそが武士の「武」を際立たせる才能でした。弓矢の名手、源為朝は伝説の英雄であり、江戸時代には滝沢《たきざわ》馬琴《ばきん》により、彼を主人公とする『椿説弓張月《ちんせつゆみはりづき》』が書かれました。戦闘とはおよそ縁の無さそうな源頼朝でさえ、弓に関しては卓越した技倆を有していました。武士とは、基本的には、「弓騎兵《きゆうきへい》」だったのです。しばしば比較される西洋の騎士は「槍騎兵《そうきへい》」ですから、この点で大いに異なっています。

殺人者かスポーツマンか

武士の職能に注目した時に、過激なまとめ方をするならば、A「武士＝人殺し」説が成立します。武士の本質とは、人を害する技術を磨くことにある、と考えるのです。馬を駆って、逃げまどう獲物を追い、矢を放って命を奪う。動物を狩る技能は、そのまま人を殺《あや》めるスキルに通じる。すぐれた武士とは、人を殺傷する能力に長じた戦士である。

これに対して、B「武士＝スポーツマン」説と呼べる見方があります。朝廷や大寺社の年中行事には、馬術や弓術を用いた儀式が多く取り込まれています。武士はまず警護を担当し、式次第の滞りない進行に寄与します。また行事中の的当てや競《くら》べ馬《うま》などは、優雅な遊興であって、武士はこうした場面でこそ、技能を発揮しました。この見方に従えば、武芸の本質は他者を傷つける行為ではありません。皇族・貴族、上級僧侶などを観客とするいわばスポーツであり、武士は本質的にスポーツマンであるわけです。

私ははじめ、AとBとを対立するものとして、並べ置いて論じてきました。Aをとれば、武士の主流は「地方の、田舎の武士」であり、たとえば関東の荒野に生きる武士たちこそが真の武士ということになります。これに対してBを選択するならば、「都の武士」こそ武士の代表となります。彼らは下級ながら貴族社会に名を連ね、高貴な人々に近侍します。当然、ある程度の教養は身につけておかねばなりません。

けれども、細かい点にも留意すると、AなのかBなのか、という理解は正しくありませんでした。Bの説の主たる提唱者である高橋昌明によるならば、BもまたAを土台にもっている。Aを否定するものではなく、つまり武士が残虐な存在である点には異論がない。その中の特殊な人々、教養の習得を厳しく自己に課す人々が、たまさかBとして登場してくるのです。Aを土台にしての、特殊形態としてのB、ということなのです。

ですから、武士の本質とは、つまるところ、「戦う」行為に求められそうです。彼らはみやびの文化に生きる人々、これまで本書が主に考察の対象としてきた伝統勢力、貴族や僧侶とは全く異質な存在でありました。

武士と狩りとの関係を先に述べましたが、書いている私ですら今ひとつピンと来ない。

土地に根ざして農耕をプロデュースする、もしくは百姓の先頭に立って作業に勤しむ武士、のイメージは強くあります。何といっても江戸時代にいたるまで、武士は農作物の収穫を生活の基盤に置いていたのですから。

でも、中世以降は獣肉を一般的には食べなくなって、日常的な、組織的な狩猟をしなくなる。そのためか、武士と狩り、といわれてもよく分からない。徳川家康と、家康を敬慕した徳川吉宗が鷹狩りを好んだ、等のエピソードを思いつくにすぎません。そこで、鎌倉武士がどのような狩り、またそれに伴う儀式を催していたのか、紹介してみましょう。『吾妻鏡《あづまかがみ》』に記されたそのありさまは、わたしにとっても、とても新鮮でしたので。

一一九三（建久四）年、源頼朝は主だった御家人を率いて、富士の裾野で一ヵ月に及ぶ大巻狩《おおまきが》りを挙行いたします。その中で頼朝の嫡子、頼家《よりいえ》が初めてシカを射止めました。すると、いったん狩りを中止して、山神《やまがみ》に感謝をする矢口《やぐち》の祭が行われました。矢口の祭とは、武家の後継ぎが初めて獲物を仕留めた時に、それぞれの家で催される喜びの祭でした。その土地の神が次代の当主にシカやイノシシなどをプレゼントし、前途を祝福してくれる。武士の方ではそれに感謝して、神々を祀るのです。ですから、ここで頼家は御家人たちの居並ぶ前で、頼朝の後継者であることを高らかに宣言したのだ、と先述した石井進は解釈しています。卓見であると思います。

では、それは実際にどんなふうに行われるのか。まず北条義時（頼家の生母、北条政子の弟）が矢口餅という三色の餅を整えます。お盆一枚に、切り餅のような大きさのものを九つ。黒色の餅三つを左、赤の餅三つを中、白三つを右に。そうしたお盆が三つ、狩猟装束の面々のもとに運ばれてきます。

場の中央には源頼朝と頼家の父子が、篠の上に敷物を敷いて座を作り、座っています。左右には足利義兼、北条義時、三浦義澄《よしずみ》ら多数の御家人が居並ぶ。このうちから特に弓矢の名手として名高い工藤景光《くどうかげみつ》、愛甲季隆《あいきょうすえたか》、曾我祐信《すけのぶ》が御前に召し出され、矢口餅を賜ります。一人一人が頼朝の前に来て、それぞれの流儀で山神を讃え、餅を口にします。

例えば初めの景光は白餅をまん中に、赤餅を右に置き換え、一枚ずつをとる。黒餅が上、赤が中、白が下になるようにして。それを倒木の上に置き、山神への供物とします。ついで同様に三色の餅を重ねて取って、今度は三口、自分でかじる。先ず中、次に左の角、次に右の角。そのあと矢叫《やたけ》び声を発する、とあります。こうして弓の名手三人が務めを果たすと、その後は大宴会になります。みなが頼家を祝福するわけです。

ここで注目したいのは、御家人たちがごく自然に矢口祭にとけ込んでいること。つまりそれぞれの御家人の家でも、家の規模に基づいて、矢口の祭が行われている、と考えられるのです。武士は自己が支配する土地の神々と、狩猟を以て対話をする。狩猟で成果を挙げることで土地神に認められ、神を祀り、そこで初めて、家を継承する正当性を手にしたのではないでしょうか。武士という存在と、狩猟という行いとは、密接な関係を有していたのです。

家督を実力で奪った北条義時

ここまでの章で、日本の権力の主体は「家」であり、家族システム、相続・継承のあり方が、人事や組織形態に結びつく、と論じてきました。では、武士にとっての「家」の継承とはどのようなものであったのでしょうか。

それを端的にあらわしているのが、鎌倉幕府の最高権力者となった北条氏の凄まじい権力闘争です。

そもそも後に執権職を世襲することとなる北条氏は、さほど大きな武士団ではなかったようです。乾坤一擲《けんこんいってき》、失敗すれば一族滅亡が待っている源頼朝の旗挙げの時、北条時政が用意できた兵はわずかに五十名たらず。これは同じ伊豆の伊東氏の兵三百などと比べるといかにも少ない。しかも官位をもっておらず、系図もはっきりしたところは分からない。そんな小勢力に過ぎなかった北条時政が源頼朝に全てを賭けて、みごとに勝利した。頼朝には律儀なところがあって、もう世の中のどんな美女でも正妻に迎えられる立場になったのに、糟糠《そうこう》の妻である北条政子を一生大事にする。時政は鎌倉殿の舅《しゅうと》として、みなから一目置かれるようになる。一躍、有力武士の仲間入りです。

そうすると時政は、頼朝ほど賢くないので、若い嫁、しかもお嬢さまが欲しくなる。まあ、世の常のおやじの姿ですね。それで迎えたのが、娘の政子と同じくらいの年齢の牧《まき》の方《かた》。彼女は下級ながら由緒正しい貴族の出身で、平清盛の継母（平忠盛の後妻さん）の池禅尼《いけのぜんに》の姪に当たる。禅尼は平治の乱に敗れて捕縛され、斬首されるはずの頼朝の助命を清盛に嘆願してくれた人です。

時政と牧の方の間には一男二女が生まれた。若い妻の産んだ政範《まさのり》を時政は溺愛し、北条家の跡取りに決めた。ここで重要なのは、時政が旗挙げ以来、父と苦難を共にしてきた息子の義時を後継者だとは考えていなかったことです。

義時は、「江間《えま》家」という新しい家を創り、ずっと江間義時を名乗っています。つまり北条家から分家されたわけです。そうこうしているうち、政範が夭折した。すると今度は時政は、源氏の貴公子の平賀《ひらが》朝雅《ともまさ》と組んで、こちらを跡継ぎに立てようとしはじめた。朝雅は牧の方が産んだ娘のお婿さんです。

平賀家は父親の義信も朝雅も武蔵守に任じられている。その地位をテコにして、武蔵一国に覇を唱えたいところです。ところがここで最大の障害となるのが、国内最大の武士団、秩父党を率いる畠山重忠《はたけやましげただ》。時政は重忠にも娘を嫁にやっているのですが、今はそんなことを言ってられない。色々と難癖をつけて、重忠を謀反人に仕立て上げ、ついにこれを討ち滅ぼしてしまいます。そうしておいて、今度は将軍である源実朝を引退させ、平賀朝雅を新将軍に据えようとした。

いくらなんでも、という御家人たちの声が聞こえてくる。意を決した義時と政子は時政を失脚に追い込み、伊豆に幽閉します。これで、江間義時は、はれて北条義時になりました。

平賀朝雅は滞在中の京都で討ち取られる。じゃあ、時政の人生を狂わせた牧の方は？財産を握ったまま京都に帰って、このあとも贅沢な暮らしを楽しんだようです。お嬢様はいつの時代もしぶといですね。

この経緯からもわかるように、当時、武士の世界では父親は絶対的な存在でした。子どもは父に逆らえません。後継者も父が決める。ところが義時は、父の時政を政治的に抹殺している。しかも北条家を、いわば乗っ取っている。逆に言えば、父の決定を覆すためには、実力行使しかなかった、ともいえるでしょう。

さらに興味深いのは、こうした義時の権力奪取のプロセスが、後の北条政権にとって、たいへんな汚点になってしまったことです。その歴史を消し去りたいためか、鎌倉幕府の正史、すなわち北条氏公認の歴史書である『吾妻鏡』では、北条氏の初代として義時を設定しました。時政は正式な先祖とは認められてない。これなら、乗っ取り云々も関係ありません。時政は、つとめて負の方向で描写される必要がありました。あまりに多くの政敵を失脚に追いこみ、誤った所業を犯した時政だから、追放されても仕方がない、というわけです。

一度譲った財産も取り戻す父権の強さ

父権の絶対、それに世襲のあり方、という点で面白い例があります。右の時政と義時にもピッタリの例です。

一二〇九（承元三）年十二月のこと、幕府のたぶん文官（大江広元の従兄弟？）である美作蔵人朝親《みまさかくろうどともちか》の家から妻が出奔し、隣家に逃げ込みました。隣家の主は小鹿島公業《おがしまきみなり》といって、橘氏。この家の系譜の詳細は分からないのですが、相当に有力な御家人です。で隣の奥さんが逃げてきた。説教の一つもして送っていけば穏便に収まったのでしょうが、この女性が相当に魅力的だったと見えて、公業はじゃあオレの女房になってくれ、と一緒に暮らし始めてしまった。

激怒したのは朝親で、朝親の血縁者（甲斐源氏の面々）が続々と集まってくる。公業の方も黙っていない。縁戚を結んでいる三浦の面々に加勢を頼み、一触即発の事態になった。汝ら何をやっているのだ、と呆れた将軍実朝が何度か止めに入って、武力衝突は回避できたのですが、結局、朝親の妻は公業の所から帰ってこなかった（『吾妻鏡』）。奥さんに逃げられたこの朝親、実はわが本郷家の初代様なのです。ああ、哀しい哉。

まあ、それはそれとして、時は移って一二三九（延応元）年、公業は幕府の法廷で被告の立場に立たされます。原告は公業の娘の婿である若槻頼定《わかつきよりさだ》。頼定の言い分はこうです。「公業は出羽国秋田郡湊《みなと》（現在の秋田市）を娘の薬《くすり》の上《うえ》（女性の名前が確認できる数少ない資料の一つです）に譲った。彼女は北条政子さまに仕えており、湊への彼女の権利も政子さまが認めて下さった公的なものである。やがて彼女は私と結婚し、子どもを三人もうけたが、このほど突然亡くなった。すると公業は湊を取り返し、子息の公員《きみかず》に与えてしまった。幕府には『政子さまの決定は、覆してはならない』という大原則があるはずだから、公業の行為は無効である。湊は私たちの三人の子どもが譲り受けるべきだ」。

親が子どもに土地を譲り渡した。それを取り戻す行為を「悔《く》い返し」といいます。湊を悔い返した公業の言い分は、こうです。「たしかに、ひとたびは湊を娘に譲った。だが、この娘は親不孝な行いをして、亡くなった。そこでこの地を悔い返し、息子の公員に与えた。悔い返しをしてよいことは『御成敗式目』に明らかである。私は間違っていない」。

一二三二（貞永元）年に『御成敗式目』を定めた幕府は次のような裁定を下します。「政子さまの裁定を覆してはいけないとの文言は『御成敗式目』の第七条に見えるが、本件はこれに該当しない。一方で親の悔い返しについては、第二十六条で無条件に有効と認めている。それゆえに、湊を悔い返した公業には何の非もない。公業を勝訴とし、その子息である公員の湊への所有権を公認する」（『小鹿島文書』）。

現在であれば、生前に贈与された財産は、けっして父のもとには戻りません。ですが中世では父権が強力だったので、悔い返しが全面的に認められた。悔い返されては困るので、子どもは親が死ぬまで孝行をし、譲り与えられた所有権を確定する。世襲は親の主導できわめて厳密に行われ、家と財産が受け継がれていく。親に認められ、世襲を経て、武士は初めて一人前。そうした観念の存在を想定してもいいのかもしれません。

その意味で、北条義時には決定的に欠けたところがあった。北条氏は時政から義時の世襲がきちんと行われていなかったのです。そこで『吾妻鏡』では時政をワルモノに仕立てて父の側に罪を負わせ、義時に正統性を与えた。義時から続いていく「栄光の北条氏」への誹謗《ひぼう》を封じたのです。

世襲は血だけでは決まらない

このように武士の家族システムは、父権が圧倒的に強く、後継者を指名できる直系家族だったことがわかります。しかし、ここで注目すべきは「家」を継ぐべき後継者が必ずしも「血」で決まるわけではないということです。

鎌倉時代初め、東京都葛飾区の辺りに葛西三郎清重《かさいさぶろうきよしげ》という有力な武士がいました。武蔵秩父党や千葉氏など、錚々たる武士たちと縁戚を結び、『沙石集』は弓の名手であったと伝えます。源頼朝に仕え、主要な合戦すべてに従軍して、たびたび殊勲をたてました。頼朝は厚い信頼を寄せ、奥州平泉の藤原政権を滅ぼしたあと、彼を「奥州惣奉行《そうぶぎょう》」に抜擢しています。頼朝没後、清重は政治抗争を巧みに乗り切り、幕府に重きをなしました。葛西家は名門として繁栄していきます。

一一八〇（治承四）年、常陸の佐竹氏を討伐した頼朝は、鎌倉へ帰る途中、清重の居館に宿泊しました。清重はときに二十歳。敬愛する主君、頼朝を心を込めてもてなします。夕餉の膳の傍らには、眉目麗しい妙齢の女性。頼朝の酒食の世話をし、話し相手を務めます。「三郎、この者は?」。清重が答えます。「この辺りに住まう女性です。今日は殿のお相手に是非、と呼び寄せました」。実はうそ。彼女は畠山重忠の妹で、ほかならぬ、清重の新妻その人だったのです。

『吾妻鏡』はわかっているだろうとばかり、この後の顚末を叙述しません。想像するに、京都で育った頼朝は色好み（当時は「雅やか」とほぼ同義。けっして否定すべきことではありませんでした）な人でしたから、きっと彼女を誘ったに違いありません。二人は一夜を限りに結ばれ、清重もそれを承知していた。そうでなければ、素性を隠す必要はないのですから。

もしも頼朝の子を懐妊したら？

鎌倉殿と深い絆で結ばれた御家人の中には、自らが戦場で命を投げ出すばかりか、愛する妻すら主人に差し出す者がいた。それは少なからぬ驚きですが、わたしはさらに疑問を抱かずにいられませんでした。もし一夜の契りで彼女が懐妊したら、どうなるのだろう？可能性は十分にあるのです。

身分の高い都の貴人が、訳あって田舎に下ってくる。田舎の有力者がこれを自邸に逗留させ、娘に夜伽《よとぎ》を命じる。貴人は去っていくも娘は懐妊し、珠のような男の子を産んだ。その子孫が我が家であるから、実は私は都の○○家の血を引く者なのだ。そうした伝承は「貴種流離譚《きしゅりゅうりたん》」の一つのタイプとして、広く見受けられるようです。

そのことにも留意し、また当時の婚姻に詳しい研究者に聞いてみたところ、推測はこうなります。万が一にも妻が懐妊したら、清重は生まれてくる子を掌中の珠の如くに大事に育てるだろう。さらにもし男の子であったなら、たとえ兄がいてもこれを差し置き、葛西家の跡取りにしたであろう。

『吾妻鏡』はなぜこんな話を記事として収録したのでしょうか。『吾妻鏡』を編纂する時に、ウチにこんな伝承や資料があります、使って下さい、と葛西家が提出してきたとしか考えられません。のちに葛西家は奥州で戦国大名へと成長し、結局は豊臣秀吉に取り潰されるのですが、実に三十種類もの系図を残しています。これはⅠ型とⅡ型の二つに分類することができる。Ⅰ型は他の資料でも存在が確認できる清親《きよちか》を清重の子で後継者とするのですが、Ⅱ型は孫にあてます。清重の子、清親の父として、他の資料に見えない朝清《ともきよ》という人を配置します。頼朝の「朝」の字を戴く名。それに『吾妻鏡』に採録されたエピソード。我が家は頼朝さまの子孫だぞ、と葛西家は誇りたかったのではないでしょうか。

それが荒唐無稽な推測でないことは、島津家・大友家の事例を見れば明らかです。中世の九州(当時は九州とはいわず、鎮西《ちんぜい》といいました)では少弐《しょうに》、大友、島津の三家がとくに栄えましたが、このうち豊後の大友家と薩摩の島津家は、家祖の能直《よしなお》と忠久《ただひさ》を頼朝の落胤と称しました。代表的な系図である『尊卑分脈』にも載っていますので、当時広く信じられた説だったのでしょう。なお現在の頼朝の墓は、江戸時代に島津氏が整備したものです。島津氏は、我が家こそ頼朝の子孫、新田氏の子孫と称する徳川将軍家などよりも源氏の正統なのだ、と内外に示したかったに違いありません。

「清盛落胤説」の本質とは

話を転じて『平家物語』を見ると、そこには平清盛の出生の秘密が語られています。白河上皇が祇園の辺で怪異に直面した時に、供をしていた平忠盛《ただもり》は勇気溢れる行動に出ます。その胆力に感じ入った上皇は、寵愛していた祇園女御《ぎおんのにょうご》を忠盛に賜りました。ところが女御はこのとき妊娠しており、それを忠盛が奏上すると「生まれてくる子が女児なら朕が引き取ろう。男児なら大切に育て、汝の家の跡取りにするがよい」と仰せられました。やがて男の子が生まれ、それが後の清盛だったのです。周囲の人々は清盛が白河上皇の落胤、高貴な出自であるのをよく知っていて、彼が武士であるのに貴族として破格の昇進を遂げても、さもありなんと得心したといいます。

上皇に仕えて清盛を産んだのは祇園女御の妹、とする古い系図（滋賀県の胡宮《このみや》神社所蔵）も遺されていて、「清盛＝落胤」説をとる研究者は現在でも多くいます。そう想定すると、平家の急速な台頭を、容易に説明できるからです。私は根拠の乏しい作り話だと思っていますが、この話が一定の説得力を有していた史実は、重く受け止めるべきでしょう。いかにもあり得る話だな、と『平家物語』を読んだ鎌倉時代の人々は納得していた。そのことに注目したいのです。

学び知るべきは、清盛の実の父は誰か、ということではありません。男女の関係が錯綜していた宮中で、それは分からないし、意味をもたない。そうではなくて、当時の人々にとり大事なのは、「血の継続」ではなく「家の継続」だ、ということなのです。清盛が自身の落胤説を活用して皇室の支持を得、平家を繁栄させるなら、彼が忠盛の実子である必要はない。大切なのは「血」より「家」。なるほど「葛西家」の隆盛を願うなら、清重は頼朝の血を受けた子を、喜んで後継者に立てたでしょう。

源氏将軍が三代の実朝で絶えたとき、幕府首脳は「源氏の血」にさえこだわりませんでした。頼朝の男系の孫や甥が数人いたにもかかわらず、彼らを無視して京都の摂関家から新将軍を選びました。九条道家の子の頼経がそれです。また、頼経とその子の頼嗣《よりつぐ》の存在が政治的に不都合になると、今度は天皇家から宗尊《むねたか》親王を迎え、第六代の将軍に据えました。守るべきは、将軍の「家」の存続だったのです。

養子で支えられた江戸の大名家

時代はとんで江戸時代。大名家は三百諸侯と称されますが、藩祖から幕末まで血筋が繋がっている家など、数えるほどしかありません。大名家はさかんに子息をやりとりしています。自分とは本来縁もゆかりもない国に迎えられ、その土地の王（大名）として臨む。それは、規模は違いますけれど、ヨーロッパの国と王室の関係のようです。

有名な話ですが、幕末の尾張藩の支藩、ちっぽけな美濃高須《たかす》三万石。ここの殿様、松平義建《よしたつ》の子どもたちは、幕末の政界に大きな役割を果たしました。慶勝《よしかつ》・茂徳《もちなが》は本家尾張藩主となり、武成《たけなり》（この人は活躍していませんが）は石見浜田藩主、容保《かたもり》が会津藩主となり、定敬《さだあき》は桑名藩主です。健康で明朗な若君は、養子として歓迎されたのです。もっとも後継ぎがなく家が絶えれば、藩は取り潰され、多くの藩士とその家族たちはみな路頭に迷うことになります。血筋のどうの、と気にする遑《いとま》はなかったのかもしれません。それにしても、殿の血と少しでも近い方をご養子に、という努力が見えません。

動物は自己のＤＮＡを残すため、命を賭けて戦います。力のある雄、あるいは狡知に長けた雄だけが雌と交尾し、子孫を残せるのです。あるサルの種（インドのハヌマンラングールなど）は、新しいボスが、先代のボスの血を引く小猿を、みな殺してしまうそうです。これに比べると、「家」という概念を創出した人間は、野生から少し進化し、ＤＮＡの呪縛を打ち破ったのでしょうか。

「家」が続くから命を捨てられる

武家の封建社会は、従者が主人のために命を賭して戦い、主人は従者の献身に土地の授受を以て報いる、双務的な契約が基本となります。注意が必要なのは「双務的」という点です。家臣の絶対的な忠義が美徳とされた江戸時代と異なり、中世においては、従者の働きを過不足なく評価できない無能な主人、十分な報酬を下賜しない吝嗇《けち》な主人は、従者の側から関係を断たれてしまいました。

「あの世」の存在が広く信じられていたとしても、中世人とてたった一つの命を捨てたくはなかったでしょう。それでも武士が勇躍していくさ場に赴き、苛烈に戦って死ねるのはなぜなのか。「わが身」が滅びても「わが家」が栄えれば、私の記憶は語り継がれる。私の魂は家と共に生き続けることが出来る。そう信じていた、もしくは信じたかったからではないでしょうか。このとき、家名が永続するためには、それを経済的に支える領地、荘園の獲得が必要になります。

種をまいたり、耕したり。きちんとした働きかけを怠らなければ、土地は毎年、新たな稔りをもたらしてくれる。それは「なくなる」ことがありません。この性質ゆえに、壊れたり、消費されてしまう動産（人間もそのうちに含まれます）に比べ、不動産は格段に高い財産価値を有しました。

身を捨て、手柄を立てれば、主人は必ず酬いてくれる。残された家族と家に、褒美の土地を与えてくれる。ならば。「いくさは又、親もうたれよ、子もうたれよ、死ぬれば乗りこえ乗りこえ、戦う候」（『平家物語』、斎藤実盛《さねもり》のことば）。家の繁栄と不滅を信じてはじめて、彼らは命を捨てることが可能になったのだと思います。人を殺すことを本質とする武士だからこそ、「家」の持続はより強固な価値となったといえるでしょう。

世襲は、理念として「血」より「家」。現実に「家」を支えるのは「土地」。こうした関係をふまえて、土地がこの上なく大切な財産とされました。武士は自分の領地を家名とし、一所懸命、一つの土地に命運を懸けて生き抜いていきます。武家文書の世界では土地の領有を表記する「下文《くだしぶみ》」は、他のどんな文書よりも価値があるとされ、厳重に保管されました。幕府の職務においても、土地に関する業務は所務沙汰《しょむざた》と呼ばれ、他の業務である雑務《ざつむ》沙汰《ざた》とは明確に区分されたのです。

土地が生みだす恵みに支えられた家を、父から子へ、子から孫へと受け継いでいく。それが世襲であり、世襲は武家社会を成り立たしむる根本的な原理だったのです。

第七章　日本の権力をざっくり見ると

官僚育成なき律令体制

これまで色々と書き並べてはきたのですが、これらは実に簡単にまとめることができます。日本の支配者層、貴族や武士についてみるならば、世襲は圧倒的に強力な理念であった、結局はそれに尽きるのです。

中国大陸では科挙が実施され、新しい才能が絶え間なく補充される。彼らは官僚として出世を競いながら、総体として皇帝の権力を支えます。ですから、皇帝権力は彼らのサポートを受けて、他の権力者を圧倒することができる。

これに比べて日本では才能を基準としての登用や抜擢があったとしても、それは世襲によって形成された階層の内部にとどまり、権力グループそのものの入れ替えはなされませんでした。朝廷から武士へという権力の移行が起きても、両者それぞれの内部では、世襲に基づく権力構造が維持されていく。権勢を得た者は自己の権力を子孫に伝えることをくり返しますので、代を重ねるごとに抜きがたい勢力を築いていきます。天皇も、後の世の将軍も、彼らの存在に手厚い配慮をする必要があるのです。

時間軸に添って、日本の「権力のかたち」を見ていきましょう。古代に導入された律令制は、本来は天皇だけをただ一人の王とし、その前ではすべての人が臣として横並びであるという「一君万民思想《いっくんばんみん》」を標榜していました。それは経済的には、全ての土地と民百姓は天皇の所有に帰するので、権勢者が勝手に私有したり世襲できないという「王土王民思想《おうどおうみん》」になります。

東アジアに見られる律令国家は、①土地を貸与（班田《はんでん》という）し、その見返りとして②税を納入させ、③兵役を課す。また、これを国内で均等に行うために④地方行政制度を確立する。この四つを基本的な要素として有しています。ところがこれを満足させるためには、「Ⅰ、法の整備」と、「Ⅱ、多くの官僚の育成」がどうしても必要になるのです。

ところが、日本では、もう何度もくり返していますが、官僚の育成を行わなかった。ですから、律令制は社会に根付くわけがなかった。大宝律令の制定は七〇一年ですが、早くも七四三年には、土地の私有を認めた墾田永年私財法《こんでんえいねんしざいほう》が作られています。最近の古代史の研究者は、この法は律令制が進展するのを側面から援護したもの、との評価を与えているようですが、どうも木を見て森を見ない議論であるような気がしてなりません。先にも記したように、律令制の基本は「王土王民」です。それがもう破綻している、と考えるのが本筋ではないでしょうか。実際にこれ以降、私有地に近い荘園が各地に設けられ、その数は増加の一途を辿《たど》っていきます。

貴族政治と世襲

平安京への遷都が実現し、平安時代が始まると、律令制の衰退は次第に明らかになっていきます。先ほど挙げた③の朝廷の直轄軍は姿を消していき、④も有名無実になっていく。九〇〇年頃には、国司が任地に赴かなくなります。県知事は東京で贅沢に暮らしていて、現地は部下に任せきりにしているようなものです。①については、醍醐天皇が九〇二年に実施した班田が最後、といわれています。

こうした状況の中で、「一君万民」というありかたにも、揺らぎが生じてきます。天皇の政治的な突出に歯止めがかかり、実力を蓄えた貴族たちが台頭してきます。その代表が摂政（天皇が女性、もしくは子どものときに置かれる）や関白（天皇が成人男性のときに置かれる）として天皇権限を代行する、藤原北家の一流です。

八六六年（八五八年とする異説あり）、左大臣藤原冬嗣《ふゆつぐ》の子である良房《よしふさ》は、貴族として初めて、清和《せいわ》天皇の摂政となりました。八八七年（八八〇年とする説あり）、良房の養子である基経《もとつね》は、史上初めて関白となりました。宇多《うだ》天皇から「政務を関《あずか》り白《もう》す」、天皇権限を委任されたのです。藤原氏の他には源、紀《き》、大江などの家があり、藤原氏の内にも南家、北家、式家、京家などがありましたが、北家の嫡流である良房―基経の家が権力闘争に勝利し、ライバルより卓越した存在になりました。

こうなるとすぐに、世襲の原理が働き始めます。良房―基経の子孫たちは娘を天皇の后とし、その娘が産んだ皇子を新たな天皇として立て、摂政・関白の座を独占していきます。彼らは天皇の母方の親戚、外戚と呼ばれ、朝廷政治を掌中に納めたのです。

もっとも、「この世をば我が世とぞ思う」と詠んだ有名な藤原道長（九六六～一〇二八）の子どもたちを例に取ると、一〇六五年の時点で、跡取りの頼通（宇治の平等院を建てた人）が七十四歳で関白、教通《のりみち》（頼通と同母）が七十歳で左大臣、頼宗《よりむね》（頼通とは母が異なる）が七十三歳で右大臣、能信《よしのぶ》（頼宗と同母）が七十一歳で大納言。みなが競って高位高官にしがみつこうとしています。

官職よりも家柄

鎌倉時代になると世襲はより強固なものとなり、官職ではなく、家柄の方が権勢の根拠として機能するようになる。つまり、高貴な家に生まれた若き中納言の発言力が、苦労して昇進した老大臣をしのぐようになるのです。このため、藤原本家の貴公子は官職に執着しない。ものすごいスピードで昇進していき、家格に傷を付けないように摂政か関白に任じるや、早々に引退してしまう。それでも他を圧する権勢を家柄が保証してくれた。

そもそも外戚による政治というのは、中国に先例があるのです。皇帝の后の実家の人々が取り立てられて繁栄し、后が産んだ次代の皇帝の世に権勢をほしいままにする。そのもっとも顕著な例は後漢の時代に見ることができます。第三代皇帝の妻の家、竇《とう》一族。第四代皇帝の妻の家、鄧《とう》一族。第八代皇帝の妻の家、梁《りょう》一族などが有名です。一族の長は「大将軍」などの任に就き、皇帝に代わって権力を行使する。

ただし、中国の外戚政治と日本のそれとは決定的に異なっています。というのは、日本の場合は、藤原北家の突出した地位がずっと世襲される。ところが中国では、各家の優越はすぐに廃れてしまう。皇帝の后だった女性（現皇帝の実母であることが多い）が亡くなると、強権の根拠を失ったその家の人々は、皆殺しの憂き目にあうからです。竇一族、鄧一族、梁一族はこうして姿を消していきました。もっとも栄えた梁一族は、三百人もの人が殺害されたといいます。このあたりの権力闘争の厳しさが、良い悪いは別にして、中国は日本より苛酷であるということができるでしょう。

このほか、朝廷では特別な権勢者が出ると、その人の子孫が上級の家を形成して後世に伝えていくという事態が、まれではありますが起きています。たとえば藤原公実《きんざね》（一〇五三〜一一〇七）。この人は官職こそ正二位権大納言、大臣にはなれなかったのですが、縁戚で皇室と緊密な結びつきをもちました。自身は白河上皇の従兄弟。妹が堀河《ほりかわ》天皇の后で、鳥羽天皇の生母。妻は堀河・鳥羽二代の乳母となり、娘は美貌を以て知られ鳥羽天皇の后となった待賢門院璋子《たいけんもんいんしょうし》です。公実の子たちは三条、西園寺、徳大寺の家を興し、太政大臣に昇る清華の家として栄えました。これらの家の名前は特徴的で、父親が「実《さね》〇」だと子は「公《きん》〇」、孫は「実〇」という具合に、「公」と「実」が互い違いに現れます。明治以降ですと、明治の元勲の三条実美、元老の西園寺公望がこれにあたります。

もう一人は源通親《みちちか》（一一四九〜一二〇二）。彼は鎌倉の源頼朝と九条兼実の友好関係にくさびを打ち込むことに成功し、兼実に代わって朝廷の実権を掌握した人です。養女を後鳥羽天皇の后として、彼女が産んだ皇子を玉座に据えました。これが土御門天皇です。正二位内大臣まで進みましたが、実権力はそれを遥かにしのぐものでした。通親の子どもたちは土御門、久我、堀川、中院の各家の祖となりました。みな大臣に昇る清華家です。土御門と堀川は室町時代に断絶しますが、他の二家は明治維新にまで残ります。北畠親房を出した北畠家は中院家の、岩倉具視《ともみ》の岩倉家は久我家の分家です。

なぜ鎌倉幕府の将軍は影が薄いのか

目を武家に転じると、初めての武家政権である鎌倉幕府では、平安王朝と似たような政治抗争が起きています。幕府の頂点に立つ将軍には、高貴な人が任じる。それを補佐するのが鎌倉武士ですが、どの家がその任に当たるのか。その抗争の過程で、上総広常《かずさひろつね》、梶原景時《かじわらかげとき》、比企能員《ひきよしかず》、畠山重忠、和田義盛《よしもり》などが滅ぼされ、北条義時が勝ち残りました。義時が父の時政を排除したことも前述のとおりです。政治と軍事を掌握した北条氏の地位は世襲されていき、朝廷で藤原一門が繁栄したのと同じように、幕府では北条一門からいくつもの家、名越《なごえ》・極楽寺《ごくらくじ》・金沢《かねさわ》・佐介《さすけ》・大仏《おさらぎ》など、が分立し、重要なポストを独占しました。右に将軍には高貴な人が任じる、と書きましたが、ここではまさに「血より家」のルールを見て取れます。初代頼朝から三代目の実朝までは源氏将軍。女子大などで講義をしていると、実朝の横死で源氏の正統が途絶えたのは知っているのですが、そのあと将軍職自体がなくなってしまった、と思っている学生が少なくありません。それくらい、鎌倉幕府の将軍は影が薄いのでしょう。

もちろん、将軍職は空位になったわけではなく、四代目は京都から、九条家（五摂家の一つ）の御曹司である頼経を迎えました。五代目は頼経の子の頼嗣。この二人は摂家将軍と呼ばれます。六代目は再び京都から、後嵯峨天皇の皇子である宗尊親王を招きました。七代目の惟康《これやす》親王は宗尊の子。八代目の久明《ひさあき》親王は後深草上皇の皇子で、最後の将軍である九代守邦《もりくに》親王は久明親王の子。これら四人の将軍を親王将軍、と呼んでいます。

将軍が何故こうも影が薄いのか、と考えると、やはり官僚組織の問題に帰着するような気がしてなりません。官僚がしっかりと仕事をしていないのです。頼朝は自覚的に積極的に文人を呼び寄せ、大江広元を代表とする吏僚集団を組織しました。全国に守護・地頭を設置するのが広元の献策であった（異論もあります）ように、幕府組織の立ち上げに関わる政治的決定には、彼らの助言が生かされていました。

ところが、この吏僚の地位すらもすぐに世襲化されていきます。また同時に、「武」が尊重される幕府内であるだけに、文人の武人化が始まります。広元の四男の毛利季光《すえみつ》（戦国大名、毛利家の祖先）などは「おまえは所詮は文士であって、武士ではない」と指摘されるのを恥辱と受けとめ、承久の乱では鎌倉武士の先頭に立って戦ったといいます。彼は結局、一二四七年の宝治合戦で戦死を遂げるのですが、こんな調子では将軍を補佐する文人としての活動など望むべくもありません。摂関家・皇族出身の将軍が政治的に動こうとしても、ともに活動できるような「文の」人材がいなかった。

良い例が『吾妻鏡』の編纂です。この本はよく知られるように鎌倉幕府の正史であり、おそらくは十三世紀末に編纂されました。前章でも言及したように、このとき幕府は、御家人たちから資料を提供してもらった。また、京都の貴族からも日記などを見せてもらっているらしい。その代表が藤原定家の『明月記《めいげつき》』です。

一二一三（建暦三）年、幕府の侍所《さむらいどころ》の長官、和田義盛は北条義時と雌雄を決するべく、鎌倉で市街戦を繰り広げ、敗れて滅亡していきます。これが和田合戦ですが、『吾妻鏡』をみていくと、この時期の記事には『明月記』の叙述を下敷きにしている箇所が少なくない。ところが、両者を比較すると直ちに明らかになるのですが、『吾妻鏡』の編纂者が、『明月記』の記事を正確に読めていないのです。

貴族の日記は和風の漢文で書いてあって、慣れてしまえばそう難解なものではない。『明月記』は筆者の定家が教養人であったため、他に比べればたしかに難しい。故事を踏まえないと意味が取れぬ漢語も出てくるのです。それでも何とか、全体の意味は把握することができる。ところが『吾妻鏡』編纂者にはそれができない。見当外れの読解をして、それを『吾妻鏡』に取り込んでしまった。そのため、和田合戦の前後には、全く意味不明の記事が見受けられます。

鎌倉幕府には文人がいて、また金沢文庫を設けた金沢氏のように、好学の武士も生まれています。前章で見たように、法廷で裁判が行われ、説得力のある論理を構築できるようにはなっています。でも、総じて知的水準が高いとは言えないように思います。将軍を補佐する官僚層としては、みすぼらしいというのが実情ではないでしょうか。

室町幕府の権力構造

幕府が関東の鎌倉から京都の室町に移っても、将軍が大きな力を持たぬ構造は変わっていないように思えます。政務を覧《み》る将軍の手足となるべき文筆官僚は、奉行人と呼ばれていましたが、みな世襲です。飯尾《いのお》、松田、清《しょう》、布施、斎藤などの限定された家に生まれた人が、実務能力の有無に関係なく、幕府の吏僚として働きました。広く人材を募る、という概念は全く見ることができません。

将軍を助けて行政にあたる役職は、管領《かんれい》といいました。鎌倉幕府の執権、江戸幕府の老中に相当する存在です。この職もまた、世襲。ただし、北条氏のように一つの家ではなく、細川、畠山、斯波《しば》の三家の当主が交代で任じられました。細川は四国、畠山は河内と紀伊、斯波は越前と尾張を領国とする有力な守護大名で、全て足利氏の一門です。

室町幕府の主要な職はもう一つ、侍所の長官。これは本来、すべての武士たちを統轄する役割を負っていた官職です。ですが、この時代には性格が変わり、大都市京都の行政と防衛を担当していました。主として山名・赤松・京極《きょうごく》・一色《いっしき》の四家の当主が交代で任じられました。こちらは足利一門でない家が多く、足利系は一色家のみです。管領に就任する三家と侍所長官に選ばれる四家とを「三管領《さんかんれい》・四職《ししき》」と呼び慣わしていました。

整理するとこうなります。

朝廷　世襲される天皇─家格によって秩序づけられる貴族
幕府　世襲される将軍─「三管領・四職」家を中心とする守護大名

こうした構造を有する朝廷と幕府とが、同じ京都の町に拠点を置いて、連動しながら支配機構として機能していたのです。

かつて三代将軍の足利義満は皇位の簒奪《さんだつ》を目論んでいた、との意見が提出され、話題になりました。「万世一系の天皇像」になれている一般の読書人には相当な衝撃があったと見えて、いまなおこの考え方は根強い人気を保っています。一方で研究者のあいだでは疑問を抱く人が当初から多く、現在では賛同する人がほぼいない状況です。それでも、もともとイメージが先行する発想なので、否定しきるのはなかなか難しい。

そこで私は、世襲の概念への注目を提案したいと思います。足利義満が将軍となった時期といえば、南北朝の争乱が終結し、ようやく秩序が回復してきたころです。争っていた者たちは、下品な言葉を用いれば「勝ち組」と「負け組」にはっきりと二分されました。

皇室ならば、京都の北朝は勝ち組で、吉野の南朝は負け組。幕府でいうと、足利尊氏についた人たちは勝ち組、弟の足利直義《ただよし》をかついだ勢力は負け組。

そうして、首尾良く勝ち組に参入した人々が支配の体制を作り出した。その上で、世襲の原理を軸としてそれを後世に伝えていこうとしている。それがまさに義満の時期なのです。とすれば、この時点で天皇家の廃絶なり、天皇家の乗っ取りのような、さらなる大きな変革を企てるとは考えにくいのではないでしょうか。そんなことをしたら、社会の根幹をなす、世襲の原理が崩れてしまう。世の中は再び安定を失い、動乱に逆戻りです。

たしかに朝廷は弱体化しており、幕府の援助なしには延命できぬほど実権力が衰えている。武力をもって天皇家の息の根を止めることは容易《たやす》い。けれども、世襲を否定すると、幕府を支えている原理・原則を、将軍自らが突き崩すことになるのです。狡猾《こうかつ》な義満が、そんなことをするとは思えません。もちろん、様々な場面で事あるごとに、将軍の天皇への優位を誇示はしたでしょう。でも皇位の保全は、将軍のみならず、幕府全体の意志であったと私は考えます。世襲の尊重が、幕府秩序を安定させる方法に他ならないことを、彼らはよく知っていたのです。

地方の自立と実力の時代

そうした室町幕府の秩序が揺らぐのが、義満の時代から七十年ほどが経った、十五世紀の後半です。その最も大きな要因は地方経済の発展だと考えられます。その頃になると、在地では「加地子《かじし》」と呼ばれる新しい税金が設定されるほどに、生産力が上昇してきます。もう地方は中央の助けがなくてもやっていける。そうした生産構造を反映し、京都では応仁の乱（一四六七〜七七年）が起きています。守護大名が明確なビジョンなしに、二つの陣営に分かれて断続的に小競り合いを続ける。天皇はもちろん、将軍も停戦のために有効な手がまるで打てない。

伝統的な支配者の権威はここに失墜し、守護大名はやがて京都を捨て、国元に帰っていきます。もはや中央の援助なしに、自力で領国を治めなくてはならない。守護大名は、自身の力で地域を統治し、防衛する戦国大名へと変化していく。下位の者でも実力を蓄えれば上に克つことができる、才能が重視される下克上の世がやってきたのです。

こうした動きは、宗教世界にも見て取ることができます。平安時代に隆盛を極めた天台・真言宗においては、良家の生まれでなくては高位の僧職に就くことができませんでした。朝廷の庇護を受け、多くの荘園を有する両宗は、鎌倉時代にも仏教界の上層を占めていました。そこに割って入ってきたのが、武士の宗派たる禅宗です。この教えでは、生まれはさほど問題にされませんでした。どれほど師の教えに対応できるか。世俗のそれとはかなり異なってはいるのでしょうが、ある種の才能が重視されたのです。

室町時代、幕府はこの禅宗を全面的にバックアップしましたから、教線は全国に伸びていきました。禅宗の一部の僧は、その連絡網を活用し、荘園の経営で実績をあげました。比叡山の僧侶に代わり、金融活動にも積極的に参加しています。また漢詩文を必須の教養とした彼らは、中国大陸との外交に欠かせぬ存在でしたし、五山文学を開花させて、新しい文化の担い手にもなりました。

幕府の力が衰えると、今度は名もない民衆による宗教一揆が台頭してきます。その代表は言うまでもなく、浄土の教えをベースとした一向一揆です。戦国大名の世俗の権力はだいたい一国を単位として安定しますが、「ナムアミダブツ」と唱える一向宗の教えは、国境を越えて全国に拡がっていきました。それゆえに私は、戦国大名の真の敵は一向宗である。織田信長のように天下統一を目指す武家勢力が出現したのは、一向宗に対抗するため、と説いています。

戦国をも貫く世襲の原理

ただ、ここで忘れてならないのは、一向宗の強さはごく普通の農民の「数の力」であるわけですが、それを束ねていた人々に世襲の原則が強固に見て取れることです。一向宗の門主《もんず》は、自ら妻帯した親鸞《しんらん》の子孫でした。門主を支える坊官たち、たとえば下間《しもづま》氏なども、妻帯して地位を子孫に伝えています。在地性や、庶民性をもっとも体現しているような一向宗にすら、世襲の原理は脈々と伝えられているのです。

さて、世俗の権力に話を戻しましょう。戦国の世を端的に表現すれば「下克上」であり、「実力主義」であることは間違いありません。たとえば越前朝倉家の重臣であった朝倉宗《そう》滴《てき》（教景《のりかげ》）は戦国大名たる者、家臣たちに「器量ある主君」であると認められねばならないとし、そうなるための心得をことこまかに記しています（『朝倉宗滴話記』）。この書物には人使いがうまく国を保つ「器量の仁」という表現がしばしば出ますから、彼のいう「器量」とは、人材をうまく使いこなして、国を防衛することを指しています。

ただし、そこには一定の限界があることを、見逃すわけにはいきません。器量さえあれば、だれでも大名になれるかというと、決してそうは書いてない。器量のある家臣が器量のない大名を駆逐し、積極的に国を奪え、と勧めているわけでもありません。

実は宗滴は訳ありの経歴をもっていて、本来は朝倉家を継ぐはずの立場にあったのです。彼の父の孝景《たかかげ》は守護の斯波氏を駆逐して越前一国を取った「天下悪事、始行《しぎょう》の張本《ちょうほん》」(『甘《かん》露寺親長日記《ろじちかなが》』)、下克上の代表的人物で、宗滴を後継者に、と考えていたらしい。ところが父が亡くなった時、宗滴はまだ若かったので、兄の氏景が家の跡を継いだ。それで宗滴は、氏景—貞景—孝景—義景の四代に仕えることになりますが、貞景の代からは、政治と軍事において、ほとんど当主と同様な権限を認められていたといいます。

西は若狭、近江に出兵して越前の国益を確保し、東は一向宗の攻勢を何度もはね返して、領国を守る。宗滴は名将と呼ぶに相応《ふさわ》しく、朝倉氏・一乗谷《いちじょうだに》の栄華の立役者です。また、「武者は犬ともいへ、畜生ともいへ、勝つことが本《もと》にて候」(『朝倉宗滴話記』)というように、ドライな合理主義も体得しています。ところがその彼にして、本家には極めて従順な姿勢を示す。他の者がどうあろうと、自分は当主の義景さまに忠節を尽くす。自分と義景さま二人になっても、どうやったら越前を守れるか、はかりごとを巡らすのだ、などと言う（同前）。世襲される主君の座というものは、やはり特別なものであったらしい。

戦国大名も家柄が大事

戦国大名の出自を確認しておきましょう。①守護大名がそのまま。②在京する守護に代わって国元を守る守護代《しゅごだい》が取って代わる。③国人領主《こくじんりょうしゅ》（＝その国の武士のこと）のうち、頭抜けた者が大名になる。④その国と縁もゆかりもない者がのし上がる。だいたいこの四つを想定しておけばよいでしょう。

①に該当するのは、薩摩国の島津氏、豊後国の大友氏、周防国の大内氏、甲斐国の武田氏、駿河国の今川氏、近江国の六角氏など。②に該当するのは、越後国の長尾氏（後に上杉の名跡《みょうせき》を継ぎます）、越前国の朝倉氏、出雲国の尼子《あまご》氏など。③に該当するのは安芸《あき》国の毛利氏、近江国の浅井《あざい》氏、三河国の松平氏など。④は関東の北条氏、美濃の斎藤氏です。有名な織田信長の家は、尾張国の守護代の分家ですから、②と③の中間でしょうか。

こう見ていくと明らかですが、一国を手中にする戦国大名の多くは、守護大名もしくは守護代の由緒をもっています。いくら下克上とはいえ、世襲の力はたいへんに強く影響しているのです。下克上の代表である④には、北条早雲《そううん》、斎藤道三《どうさん》を意識して二家を挙げておきましたが、彼らの国盗りも以前のイメージとは相当に違うことが分かってきました。たとえば北条早雲。彼は江戸時代から一介の素浪人と言われてきましたが、現在では九代将軍足利義尚《よしひさ》の側近、伊勢新九郎盛時をあてる説が有力です。姉妹が駿河の今川義忠の正室（素浪人とバランスを取り、かつては側室とされていました）であった縁から関東に下り、韮山《にらやま》城に拠点を定めて伊豆国を領有します。また甥の今川氏親《うじちか》と連携して相模国に勢力を拡大し、北条氏の基礎を築きあげました。たしかに関東とは無縁であったものの、①と②の中間に位置するような、かなりの上級武士だったわけです。

斎藤道三の方は、親子二代かけての国盗りであると判明しました。道三の父の新左衛門尉は京都妙覚寺の僧侶でしたが、やがて彼は西村と名乗り、美濃へ来て長井弥二郎に仕えます。ここで次第に頭角を現し、主家の名字である長井を称するようになるのです。

新左衛門尉の跡を継いだ子は、長井規秀《のりひで》として美濃国の守護である土岐氏に仕えます。土岐頼芸《よりなり》の信任を得た規秀は長井の本家を継ぎ、さらに守護代の斎藤家に入って、斎藤利《とし》政《まさ》となります。頼芸と利政は対立するようになり、頼芸を追放した利政が美濃一国を治めることになりました。後に剃髪し、法名を道三と称したのがこの人です。

このような事情ですから、道三の場合はまさに下克上といっても差し支えないでしょう。けれども、国主になるためには親子二代の長い年月が必要だったのです。また、武士は血より家、という前章での指摘をむりやり当てはめるなら、美濃の名族である長井氏の人が守護代の斎藤氏を嗣ぎ、その斎藤氏が守護の土岐氏に取って代わるのですから、このケースは②であると強弁することも不可能ではありません。

このように、いかに実力重視の戦乱の時代とはいえ、やはり家柄が大事だったのです。それは大名家だけではなく、大名を支える家臣団にもいえることです。強力な軍隊や支配体制を作るために、大名たちは才能をどんどん抜擢したでしょうか。いいえ、そんなことはできませんでした。名もない素浪人を重く用いたりしたら、有力な国人領主たちが納得しません。彼らの協力を得られなければ、大名は自滅する他ないのです。だから大名たちは、従来の秩序を無視するわけにはいきませんでした。

数多い戦国大名の中でも、才能の抜擢ができたのは、わずかに武田信玄と織田信長くらいではないでしょうか。信玄は有能な家臣に伝統ある家を嗣がせ、重臣として用いました。山県昌景《やまがたまさかげ》（謀反人として処罰された飯富《おぶ》虎昌《とらまさ》の弟）、馬場信春（もと教来石《きょうらいし》氏）、香坂昌信《こうさかまさのぶ》（豪農の出身）がこれです。より大胆な抜擢をしたのはいうまでもなく織田信長で、羽柴秀吉、滝川一益《いちます》がこれにあたります。明智光秀も土岐源氏とはいうものの、出自が確かではないようです。

まとめましょう。戦国時代の戦乱によって、伝統的な秩序には大きな改変が加えられました。伝統の力は後退し、実力が前面に押し出されるようになりました。ですが、それでも一足飛びに「能力がすべて」という風潮が生まれたわけではありません。戦国大名もその重臣たちも、伝統的な勢力から生まれています。世襲の力はまだまだ強力で、伝統・世襲を基礎として、そのうえで能力の有無が問われたのが戦国時代である、といえそうです。

「血も家も」イデオロギーが成立した江戸時代

戦国時代が終了して江戸幕府が成立すると、時代の趨勢《すうせい》は、動乱から安定へと変化していきます。武士たちは貴族の世界を模倣するように儀礼の世界を作り上げ、毎年くり返される年中行事に明け暮れるようになります。伝統や先例が重んじられ、世襲を根本の原理とする社会が形成される。過去の時代と決定的に異なるのは、罪を犯したならば司直の手により罰せられるようになったこと。それゆえに犯罪は減少して、曲がりなりにも平和な毎日が到来したことです。

興味深い数字があります。一六〇〇年にはおよそ一千万人だった日本の人口は、江戸時代になると値は急激な伸びを示し、一七〇〇年には二千五百万人に膨れあがりました。十七世紀に人口爆発が起こっているのです。国力と人口は密接な連関を示す。それは現代の世界を見ても明らかでしょう。多くの国民を抱える中国とインドがいっそうの発言力を行使することになるだろう、とは衆目の一致する観測です。

そうとすれば、江戸時代は中世に倍する国力を有していた、と大まかに捉えることができるかもしれません。人々は江戸幕府が提示した理念を受け容れ、だから社会生活は安定し、人口が急速に増える。その理念とは、武士・村落民・都市民（士・農・工・商という言い方は、以前のものになっているようです）の身分の固定と、世襲に他なりません。

農民に生まれたら農民になるほかない。大工などの子として都市部に生まれたら、職人になるか商家に奉公するか。支配者層である武士にしても、出世は至難の業で、たいていは父親の人生をなぞるだけ。そうした毎日は確かにうっとうしいものだったでしょうが、そこには少なくとも平和があった。自由をあきらめる代わりに、今までにはない安全を獲得する。江戸時代の人々は、そうした選択をしたのだと思います。

いま東京二十三区内を掘ると、江戸時代の墓地などにぶつかることがある。そのときに江戸人の遺骨が掘り出されるわけですが、梅毒にかかっている人の黒ずんだ骨と、幼児の骨が多いのにビックリする、と考古学者の友人に聞きました。梅毒の方はさておくとして、医学が未熟だったので、抵抗力の乏しい乳幼児の死亡率はとても高かったのでしょう。これは多少は栄養の良かった武士階級でも変わらぬ特質でしょうから、世襲する際に血にこだわりすぎては、家はどんどんつぶれてしまいます。

そうした危険を回避するため、養子を迎えることが盛んに行われていました。逆に言うなら、儒教的な考え方が普及して「長男＝跡取り」が通例になっていましたので、次・三男以下は生きていくため、何とかして養子先を見つける必要がありました。それができなければ、一生を家長である兄、また兄の子どもの世話にならざるを得ず、婚姻などの社会生活を営めなかったのです。社会の単位となった「家」はこうして受け継がれていったのであり、「世襲は血ではなく、家」の法則は江戸時代にもあてはまります。

なぜ江戸幕府は大奥を設けたのか

そうした状況を踏まえると、江戸城中に大奥が設けられたのには、格別な注意を払う必要がありそうです。大奥はご存じのように、将軍の他は男子の出入りが厳しく禁じられた区域です。これに類似する女性だけの空間は、朝廷にも鎌倉・室町幕府にもありませんでした。江戸幕府は日本の過去の政庁ではなく、中国の宮廷に学んだのだと推測されます。

ではなぜ中国の王朝は「美女三千人」と呼び慣わされる、女性だけのきわめて不経済な空間を整備したのでしょう。それはもちろん専制君主である皇帝を満足させるため、皇帝の威厳を天下に示すためではありますが、不自然な存在であるところの宦官《かんがん》（去勢された男性が務める）がそこで働いていたことを考慮して、皇帝の系統に他者の血が混入することを避けるため、という解答が準備されています。つまり中国の後宮《こうきゅう》では、皇帝の地位の世襲は、「家だけではなく血の継承」が重要だったのです。

中国の場合は、王朝が根こそぎ交代します。たとえば嬴《えい》氏の秦が劉氏の漢に替わり、漢は曹氏の魏に滅ぼされる。君臣の別を強調する儒教は、力をもった者は皇帝に反逆していいのだ、とはさすがに言えない。そこで天命をもち出します。新たに天命を受けた人が王朝を創始する、というのです。ですから、その後継者もまた、天命を受けた者である必要がある。儒教はまた祖先崇拝を重視しますから、血のつながった子孫でなくては、天命を受ける資格を持たないと考えるわけです。そこで臣下の血が混じる可能性を排除するために、後宮のシステムが作られる。

日本の天皇の後宮は、比較的オープンな状況にありました。鎌倉時代中期、『とはずがたり』を書いた高貴な女房の二条は、後深草上皇の寵愛を受けながら、その弟の亀山天皇とも情愛を交わす。後深草上皇の手引き（ええ!?）でその兄弟の性助法親王《しょうじょほっしんのう》とも濃密な関係になる。重臣の西園寺実兼《さねかね》とも臥所《ふしど》をともにする。妊娠したとき、この子の父親は誰だろう、と真剣に悩んでいる。ですから本当は実兼の子なのに後深草上皇の皇子と認知され、何かのはずみで皇位に、ということもあり得たのです。

室町時代前期には後円融《ごえんゆう》天皇が、出産を終えた妻の厳子《たかこ》に対し、足利義満との密通を疑ってこれを殴打、また愛妾の按察局《あぜちのつぼね》にも義満との関係を疑って出家を強要する、という事件が起きています。「天皇の大奥」がすでに存在していたら、あり得ない事態です。

天皇ではなく将軍の生活空間に大奥が設けられ、「家だけではなく、血も」という観念が成立したことは見逃せません。「血のつながりの重要性」の認識はやがて国学の天皇理解、明治時代の天皇観へと強力な影響を与え、「万世一系」という特徴が前面に押し出されることになるのだと思います。

一つだけ付言しておくと、一六八〇（延宝八）年に四代将軍が子のないままに没し、館林《たてばやし》藩主であった弟の徳川綱吉が五代将軍に迎えられました。この時、大老として幕政を掌握していた酒井忠清《ただきよ》は、自身の権力を保持するために皇室から有栖川宮《ありすがわのみや》を迎えて将軍に据えようとしたのだ、ということがかつて説かれていました。『徳川実紀《とくがわじつき》』などにも記されていたのです。もしこれが史実であるなら、「家だけでなく、血も」説は成立しないことになります。ですが、最近では忠清はそうした画策はしていない、綱吉が忠清を失脚させたのでそうした風説が広まった、というのが定説になっているようです。

足高の制と大岡越前

一方で江戸時代には、行政の現場にも、能力主義が現れてきます。幕臣の頂点にあって将軍を補佐し、行政を担当するのが老中でした。第二章でふれたように、大老が置かれることもありましたが、これは常置の職ではありません。老中の定員は四ないし五名で、月番制で毎月一人が業務を担当し、重大な事柄については寄り集まって合議しました。綱吉が将軍になった一六八〇年には一人を勝手掛《かってがかり》老中として、専ら財政に当たらせました。これを老中首座ともいい老中の筆頭と位置づけられました。

彼らは五万石以上の譜代《ふだい》大名から選ばれる規定でありましたが、例外もありました。三万石以下の小大名、外様《とざま》大名で「願い譜代」（外様から譜代にしてもらうこと）をした者の就任事例も残されています。北条一門で占められていた鎌倉時代の執権、細川・斯波・畠山三家が交代した室町幕府の管領に比べると、選出される分母はかなり広がっています。それだけ広く人材を、有能な人を、という意識が働いたものと思われます。

江戸時代には足高《たしだか》の制も施行されました。これは八代将軍の徳川吉宗が一七二三（享保八）年に制定した法令です。それまで幕府の役職にはおのおの禄高の基準が設けられていました。例えば町奉行（いまの都知事）になるためには三千石以上の旗本でなくてはならない、というように。そのため、能力や素質があるのに、家柄が低いために要職に就けないといった不都合が生じました。足高の制とは、良質の人材を登用することを目的として、規定以下の禄高の人の在職中にのみ、不足している石高を補う制度です。

たとえばおよそ二千石取りだった大岡越前守忠相《ただすけ》は、この法令によって南町奉行に抜擢され、一千石を加算されて三千石の俸禄を受けました。彼の場合は有能な町奉行だったので任期中に本俸の加増を受けたのですが、もしも加増を受けずに奉行を辞任したならば、一千石分は返上して、元の二千石取りに戻るのです。これまた、広く人材を登用しよう、という才能重視の制度に他なりません。

ただし、武士階級以外、武士でも貧しい家に生まれた者が出世することは相当に困難でした。儒学が幕府の学問として取り入れられた江戸時代は、世襲が社会的な通念としてだけではなく、学問的な裏付けを獲得しながら、重視されていたのです。もう一度くり返すと、平和を維持する代償として、身分的な拘束を天与のものと受け入れなくてはならなかった時代。武士・農民・職人・商人の別にかかわらず、社会全体が世襲に疑問をもつことを許されなかった時代。それが江戸時代ということになりましょう。

トップが責任を取らない理由

もうひとつ、日本の権力構造の大きな特徴は「トップが責任を取らない」ということです。トップの務めとは何でしょうか。色々あるとは思いますが、その重要な一つが、イザという時に責任を取ることであるのは、間違いがないでしょう。ところが日本の場合、天皇は実権をまず藤原氏に奪われ、さらに争いごとは武士の仕事になっていたので、権力争いなどで責任を取る立場に立ったことがほとんどなかった。例外は、昭和天皇が大元帥としても戦争に関わった、第二次世界大戦の終結時であろうと思います。ただし、これについては議論百出でしょうから、ここでは取りあげないことにします。

盛大な闘争を行った武士の方はどうか。武士のトップは言うまでもなく将軍ですが、これも何人かの例外を除いては、影が薄い。実務は鎌倉幕府では執権北条氏が、室町幕府では三管領が、江戸幕府では老中（時に大老）が担っていて、専制をふるう機会がなかった。そのため、幕府が滅亡する時に責めを負って命を失った将軍がいないのです。

鎌倉幕府滅亡時には、北条氏が滅びました。政争につぐ政争で比企、三浦、安達などの有力武家を滅ぼしてきた北条氏ですから、ひとたび権力闘争に敗れた時にこうなるのは、自業自得といわれても仕方ありません。ただし最後の将軍（九代）の守邦親王は、危害を加えられずに生き延びています。

室町幕府の最後の将軍は十五代の足利義昭《よしあき》です。義昭は全国に文書を送り、信長の討伐を命じました。一五七三（元亀四）年、その文書にどれだけの効果があったのかは疑わしいところですが、甲斐の武田軍が織田領に迫り、越前の朝倉、近江の浅井の反信長の軍事行動も活況を呈しました。このタイミングで義昭は信長に公然と叛旗を翻したのですが、武田信玄の病没から反信長勢力は勢いを失い、義昭は降伏のやむなきにいたります。

ここで信長は、損得は十分に考えた上でのことでしょうが、義昭を殺さず、追放するに止めたのです。この直後、朝倉義景と浅井久政・長政父子を討ち取り、そのクビに金箔を押して酒席の見せ物とした（杯にした、はウソらしい）信長の行動としては、控えめですね。義昭を殺害した時の反動を怖れた、というよりは、生かしておいてもたいしたことはあるまい、と義昭を嘗《な》めきっていたように私には思えます。義昭はのちに豊臣秀吉の世話になり、何不自由のない生活を送りました。

江戸幕府の最後の将軍は、十五代の徳川慶喜《よしのぶ》です。幕府瓦解時の彼の行動については様々なことが言われていますのでここでは深入りしませんが、相当数の武士を結果的に絶望の淵に追いやりながら（水戸天狗党《てんぐとう》の見殺しとか、鳥羽伏見の戦いでの敵前逃亡とか）、彼自身が自決を図った形跡は全くありません。維新後の悠々自適ぶりからしても、トップとしての責任を痛感していたようには見えません。

真の権力は世襲グループにあり

守邦親王も、足利義昭も、徳川慶喜も。尊い人命を否定することをよしとするわけではありませんが、トップが示すこんなに「ぬるい」進退は、世界史には他に例を見ないのではないでしょうか。

官僚を従えた皇帝なり将軍は、彼らを含めて一つの人格と見なされます。才能が皇帝や将軍のもとに結集していれば、それだけに強烈な権力を有し、政権の帰趨を定めることになります。権力の光も影も、その才能に左右されるわけですから、万が一にも政権が崩壊したならば、皇帝（もしくは将軍）は一身にその責任を負い、罪に問われるのです。

ところが日本の場合は、権力は常に世襲勢力の集合体が担っています。伝統と先例、儀式が幅をきかせ、過去を再現することに努力が傾注されます。栄光も規範も「むかし」にあるわけですし、祖父や父と同じことをするのが望ましく、一人一人の才覚が抜きん出る必要はない。新しいことへの挑戦はやむを得ぬ場合にのみなされ、「新儀」という言葉は「非法」とセットになって、「新儀の非法」のように、用いられました。新しいことは則ち、法に外れたことだったのです。

こうして、世襲が社会の根幹に位置を占める状況にあっては、人間一人の器量では大きな変化を起こすことが望めないし、それは皆がよく理解していたのでしょう。だから幕府が顚倒しても、将軍は責任を取らない。静かに政権の座から退くだけです。そうした政権の交代がくり返されて、ついに日本は明治維新を迎えることになります。

第八章　明治維新と万世一系の天皇の登場

明治維新の特異性

これまで述べてきたように、日本の社会は平安時代から一千年の間、世襲に重きを置いて歩んできました。これだけ長時間にわたる強固な価値観なのですから、内発的な事件や指向性の変動では、それを改変することはおそらく難しかったでしょう。

ところが江戸時代末、突如として黒船がやってきた。帝国主義列強の脅威が眼前に迫ったのです。この外圧に晒されて、日本は初めて変わる決意をする。それも、独りよがりな改革ではなく、他者＝諸外国の視点に立った変化を遂げていく。それが明治維新です。

明治維新の意義については、それこそ様々な研究があり、言及がなされています。中には、いや改革とはいうけれど、日本はちっとも変わっていない、との極論まであります。ここでは、これまでに見てきた「世襲と才能」の観点から考えてみたい。すると、やはり明治維新は、日本史上で最大の変革であるといわざるを得ない。

明治政府は、初めて官僚によって運営されました。高官たちは下級武士の出身者がほとんどで、才能を根拠として登用されています。そこには世襲の論理がないのです。全国の大名は身分を剝奪され、家格は否定され、士・農・工・商の別もなくなりました。才能を磨くことによって、立身出世が可能な世の中になったのです。

世襲しなかった明治の元勲

明治の元勲たちの動向を見ていると、子どものために財産は残しても、政治的な依怙贔屓をしていないのに意外の感を受けます。大久保利通の子や伊藤博文の子ですら大臣になっていません。長州閥の領袖として悪名高いあの山県有朋も、跡取り（甥を養子に迎えています）の将来に便宜を図るような振る舞いはしていません。「子孫の為に美田を買わず」は西郷隆盛のことばですが、元勲たちはそれに倣っているのです。

富国強兵、文明開化。それを成し遂げなければ日本は植民地になってしまうかもしれない。国を挙げての取り組みが為されます。その手段として、世襲は否定され、才能の重視が実現するのです。

けれども、やはり日本社会は長いあいだ世襲で動いてきている。支配者層＝官僚組織は才能を拠り所にするけれども、そのありようはすぐには民衆の理解を得られない。ここに、

図2

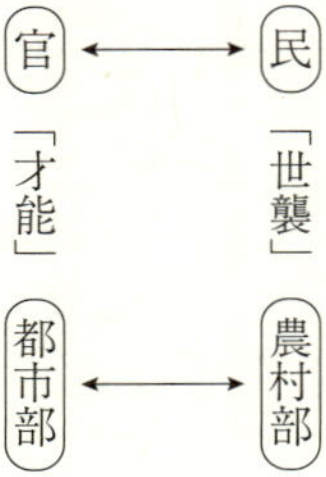

図3

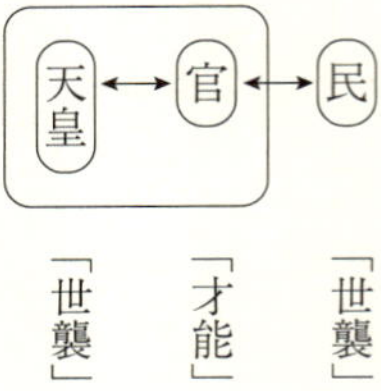

「官と民」の対立の萌芽が生まれてしまいます。また、この対立は「都市部と農村部」の対立（図2）にすぐにも転化する可能性を秘めている。

そこで明治政府は天皇を前面に押し出したのではないでしょうか。伝統、古き良き日本、そして世襲を一身に体現する天皇を、です。天皇を中心とする国家作りを掲げることにより、「天皇（原理は世襲）―官（原理は才能）―民（原理は世襲）」（図3）とすることにより、「才能の官と世襲の民」の対立の図式は避けられるのです。

加えて明治政府は、刻苦勉励して才能を磨けば、民はいつでも官の仲間入りができる、というモデルを作って見せました。学校を建て、教育の実践に努力を傾注したのです。天皇の擁立、官と民とを結ぶルートの形成。これにより、社会の安定が図られました。

国家モデルとしての「万世一系」

ただ、ここで「天皇―官」にも微妙な問題が生まれました。というのは、君主とそれを支える官僚組織、という構図はそれこそ世界の至る所にあったわけで、日本のアイデンティティを確立するのに寄与してくれません。そこで注目されたのが、『古事記』などの日本の古典を重視し、研究していた国学です。江戸時代後期に盛んになった国学の主張を取り入れ、天照大神から血縁で連綿とつながる比類のない天皇家。その「万世一系」の天皇家を戴く、他国に例のない日本が強調されることになったのです。

国学の考え方は、日本のすがたを見つめる知識人に広く浸透していました。島崎藤村は『夜明け前』の主人公、青山半蔵を、古代以来の天皇を敬慕する人として活写しています。ここでは、時に極端な主張をする人なので例として不適切かもしれませんが、吉田松陰の論を紹介します。安政の大獄で刑死した思想家（もともとは兵学者）・教育者で、明治の元勲に多大な影響を与えました。

「日本では天下は天皇一人の天下である（後述する『呂氏春秋《りょししゅんじゅう》』に対応することば）。もし暴虐の天皇が出現しても、その方を討つようなことは、中国にはあっても、日本にあってはならない。全国の民は皇居の前にひれ伏して天皇の改心を祈るだけで、怒った天皇が民を片端から殺し始めたら、最後の一人までただ祈りつづけるのだ」(『丙辰幽室文稿《へいしんゆうしつぶんこう》』)。

徳のない天皇は討伐して良し、とする中国流の「易姓革命」はまちがっている。ですから天皇はおのずと「万世一系」となります。われわれ臣民は無条件に、「万世一系」の天皇に命を差し出さねばならない! うーん、すごい理屈があったものです。

第七章で見たように、江戸の将軍家には、「家だけではなく、血も」の概念が導入されました。幕府は朱子学を国の学問として受容しましたが、血統の重視はそのことと深い関連がありそうです。というのは、儒教ではご先祖様を貴び、大切に祀る。皇帝の家では後宮を作って、他の血が混入しないようにする。それが幕府にも影響を与えたのでしょう。

江戸時代には、例えば仏教にも、先祖崇拝が取り入れられます。檀家《だんか》制度が整えられ、戸籍が寺で管理されるようになると、人は死後もお寺の墓地に居場所を得ることになりました。僧侶は葬送に深く関わり、人間の死後の世界での安らぎを祈るようになります。いまも続く習俗では「お盆行事」に端的に見られますが、これもご先祖様を大切に祀る儒教理念の影響です。

ご先祖様を大切にする。過去を振り返る。その方向性は、日本の歴史への興味に繋がっていきます。ここに誕生したのが国学です。国学は古代以来、教養人は必ず学ぶべしとされた中国の古典をしりぞけ、日本の古典に目を向けます。朝廷の周辺に遺された古典籍の読み解きから出発し、朝廷の儀礼や職制を明らかにしながら、さらに遡って『古事記』や『日本書紀』を学んでいきます。

日本人の源流を探る国学は、記紀神話の研究を進めながら、当時はあらゆる意味で等閑視されていた天皇という存在に辿りつき、注目していきます。まさに天皇の再発見です。天皇は日本国を作った神々の直系の子孫である。こうした高貴な王が民庶を治める国は、世界のどこにもない。だから私たち大和民族はすばらしいのだ。

いまから見ればいささか夜郎自大的な発想と評せざるを得ません。けれども世界史レベルで見ると、国民国家が誕生する時には民族主義的な高揚感が生まれるケースが多い、と指摘されています。日本の場合もまさにそれで、明治政府は「万世一系の天皇」と、天皇を中心とする国作りを標榜し、内外に強くアピールしたのです。それは一方で「国体」として、太平洋戦争までの日本をきつく束縛したのですが、確かに一方では、日本国民を強制的かつ効率的にまとめ上げることに成功しました。

実情を冷静に確かめよう

しかし、この「万世一系」は日本古来の伝統といえるのでしょうか。第五章でも少し述べましたが、南北朝時代、北畠親房が『神皇正統記』で万世一系の皇統を高く評価したのと同時期に、まったく正反対の評価を下している天皇論がありました。ここであらためて詳しく検討しましょう。

後宇多天皇と後醍醐天皇に仕えた貴族に吉田《よしだ》定房《さだふさ》がいました。抜群の実力を有する実務貴族で、この家格としては初めて、内大臣に昇った人です（第二章参照）。定房は建武政権の崩壊後も後醍醐天皇に忠誠を尽くし、南朝に仕えました。そのため、戦前の皇国史観のもとではたいへんに尊敬されていました。

ですが、定房は元来、後醍醐天皇の討幕運動には反対でした。圧倒的な軍事力を誇る幕府と戦えば、朝廷は滅びてしまう。その危機感から、定房は天皇を諫める意見状を提出します。その一節に、次のような驚くべき文章があります。名文として知られているので、原文も記しておきましょう。

一、本朝の時《じ》運《うん》興衰《こうすい》の事

異朝は紹運《しょううん》の躰《てい》すこぶる中興多し。けだしこれ異姓更に出づるが故のみ。本朝の刹利《せつり》、天祚一種《てんそいっしょう》なるが故に、陵遅《りょうち》日に甚だしく、中興期《ご》なし。これ聖徳《しょうとく》の観見《かんけん》したまふところなり。なかんづく保元の後、源平遞《たが》いに国権を専らにし、皇威漸《ようや》く損ず。元暦《げんりゃく》年中、右大将頼朝の卿、天下を平定して、国邦を并《あわ》せ呑む。承久の後、義時の朝臣《あそん》専ら国柄《こくへい》を持す。通三《つうさん》・儲弐《ちょじ》の廃立《はいりゅう》、高槐《こうかい》・大樹《たいじゅ》の黜陟《ちゅっちょく》、事《こと》みな武威《ぶい》より出づ。今の時、草創の叡念もし時機に叶はざれば、忽ちに敗北の憂《うれい》あらんか。天嗣《てんし》ほとんどここに尽きなんや。本朝の安否この時にあり。あに聖慮《せいりょ》を廻《めぐ》らさざらんや。

〈一つ、日本の皇室の時運と盛衰のこと

中国の王朝はたいへんに中興することが多くある。いったいこれは、天命が改まり、他家が皇帝の家となるからである。わが国の天皇は万世一系であるために、次第に衰えるさまが甚だしく、中興は期待できない。これは古く聖徳太子がご指摘になったところである。なかでも保元の乱の後、武士である源氏と平氏が両者で国の権力を担い、皇室の権威は徐々に衰えていった。元暦年中には右大将の源頼朝卿が天下を平定し、国全体を支配した。承久の乱の後は北条義時朝臣がひとり政治権力を掌握した。天皇と皇太子の認定、大臣や将軍の任免は、すべて幕府が定めた。いま新しい世を開こうとする陛下のお考えは、時の運を得なければ、即座に敗北の憂き目に遭うであろう。天皇の後継ぎは尽きてしまうのではないか。わが皇室の安否はこの時にかかっている。どうして熟考しないということがあろうか。〉

＊異朝　中国を指す　＊刹利　国王　＊天祚一種　万世一系のこと
＊陵遅　衰弱すること　＊漸く　だんだんと　＊通三・儲弐　天皇と皇太子
＊高槐・大樹　大臣と将軍　＊黜陟　官位の上げ下げ

中国では易姓革命が行われるから、皇帝の家は変わっても、皇帝の地位そのものは中興され、権威と権力とを取り戻す。ところが日本の国王家は連綿と同一の血筋で受け継がれてきたので、復興を期待することはできない。つまり、「万世一系であるから、日本の皇室はダメなのだ」、そう定房は断言しているのです。

先述の吉田松陰のことばの正反対ですが、『呂氏春秋』は「天下は一人《いちにん》の天下にあらず。天下の天下なり」、天下は皇帝だけの天下ではないのだ、と言い切ります。また後漢の有名な学者である鄭玄《じょうげん》は、「公」という概念を説明して、「公とは皇帝が位を聖人に譲り、世襲しないことである」と述べています。これらを良く勉強していた貴族が、万世一系をマイナスの価値として捉えることは、十分にあり得ます。

結果としての「万世一系」

加えて第六章で見たように、日本では元来が「血より家」でした。家が繁栄すれば、血の連続などには拘泥《こうでい》しなかったのです。だから万世一系を誇りとしない考え方が、武家や宗教勢力ではなく、当の朝廷に存在した。確かに定房以後も、少なくとも中世においては、万世一系の強調や称揚は見たことがありません。

それでも天皇家は「血も家も」。明治維新を迎えた段階で、史実として血統で繋がっていました。そこには「高貴な血を絶やしてはいけない」という断固として積極的な思想があったのでしょうか。判断が難しいところです。私はそれなりに皇室の史料に触れ、天皇の活動にも気を配っているつもりですが、そうした思想の存在を感得したことがありません。それが端的に表明されているような明証なり、事例に逢着したこともありません。

天皇には多くの妃がいたので、皇子はいつも十分に存在していました。武家の世に貧乏になった朝廷は、むしろ皇子をもてあまし、処遇に苦慮していたのです。ですから、「天皇の血を絶やすな」などと力こぶをこめる必要は、そもそもまるでなかった。

また当時には、何度も述べているように「血より家」、よそから新しい血を導入し、家を繁栄させるという考え方がありました。けれど、貴族の家々はいつの世も天皇家と似たり寄ったりの境遇にあるわけで、改めてこれを皇室に迎え入れる価値はない。権力をもつ武家や富をもつ商人では、皇室の伝統的な文化に対応できないので、これも受け入れ不可能である。

皇子は少なからず「いる」。かつ、皇室にまさる血は見当たらない。この条件下、皇位はきわめて自然に、皇室出身者によって受け継がれていった。そう考えるのが現実的であると思います。「高貴な血」へのこだわりは、特段なかったのではないか。なくとも、気がついてみれば連綿と繫がっていた、というのが実情だったのではないでしょうか。初めから計画された「万世一系」ではなく、結果としての「万世一系」ですね。そう考えると、やはり理念としての「万世一系」は明治に創られた「新しい伝統」だったといえるでしょう。

世襲と才能の現在

太平洋戦争に敗れた後、天皇は元首から象徴になりました。私はこの変貌により、日本社会における天皇の位置はより確固たるものになったのではないかと思っています。というのは、これまで述べてきたように、天皇や将軍、組織のトップが実権力を振るわないのが、日本の伝統的なあり方だったからです。

世襲を体現しながら、現実的な権力とは別次元にいる。そうした象徴天皇制は、驚くほど高い国民の支持を受けています。問題はやはり「万世一系」でしょう。男女平等がこれだけ根付いた状況で一夫多妻を認めよ、というのは乱暴な話ですから、皇室は常に後継者問題に頭を悩ませることになります。男性天皇とか男系天皇に固執すればより一層、解決は困難になっていくでしょう。

これはあくまでも私の考えにすぎませんが、本書で書いてきたことと関連して、

①万世一系は明治維新において強調された概念であること。

②日本は世界の中で、すでにきちんと座を占めている。つまり、もう無理やりにアイデン

ティティを強調する必要がないこと。

それに加えて、

③さすがに天照大神や神武天皇の物語は歴史事実ではなく、神話であると多くの人が認識していること。

も考慮した時に、もはや「万世一系」にこだわる必要はないように思いますが、どうでしょうか。むろん、そうした論議は専門の方々にお任せしますけれども。

我が身により切実に関わりのある、深刻な課題は、世襲と才能の連関です。明治維新のときは図3（二三二頁参照）のように「天皇と官と民」でしたが、戦後は天皇がここから後退し、政治家が登場してくる。「政治家と官と民」です。日本の歴史ではあまり明瞭に区分されなかった政治家と官僚とが、やっと並び立つのです。ところが日本人はあくまでも世襲に弱いらしく、この政治家がどんどん世襲されていく。二代つづく国会議員は当たり前、三世や四世までいる。これを図にしたのが図4です。

しかも中には地方自治体の市会議員・県会議員も世襲で、その上に国会議員が乗る、というように、がちがちの権力構造ができているところまである。これではほとんど、江戸時代の藩の権力と変わるところがありません。でもそれでも世襲批判はそれほど熱を帯び

図4

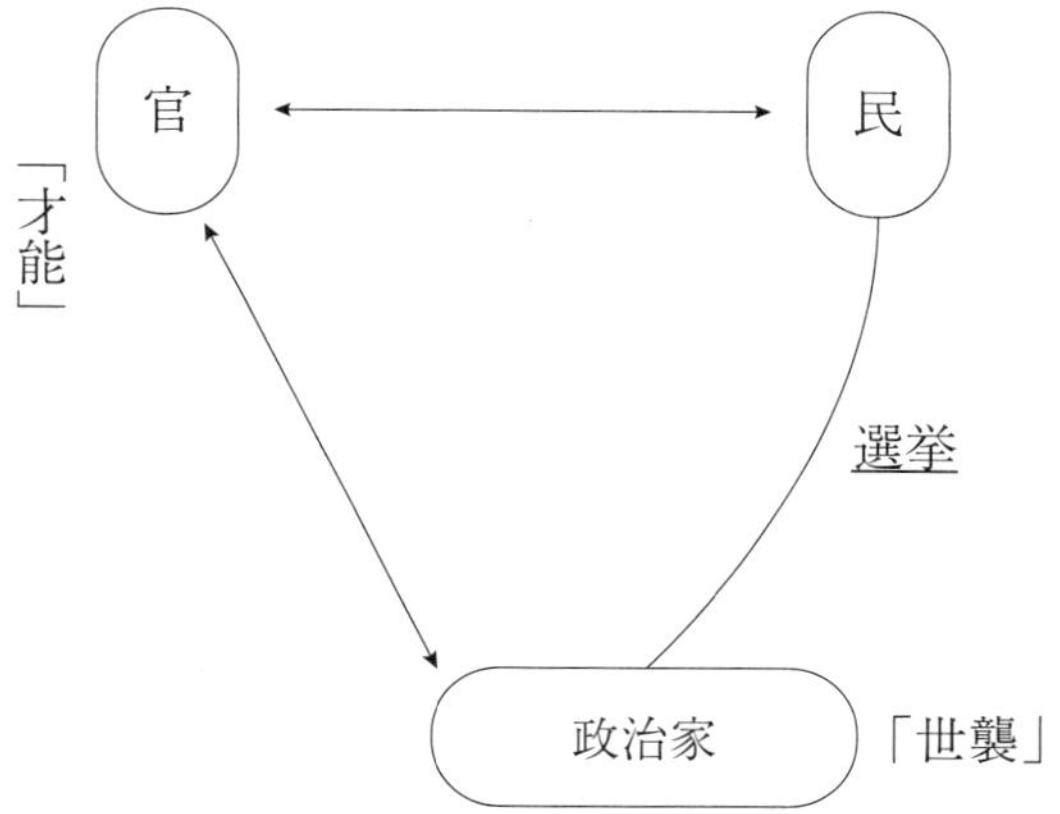

ない。ジャーナリズムが記事にしてもそれが盛り上がりをみせない。日本人はよほど、世襲に寛容とみえます。世襲の原理がＤＮＡに組み込まれているのでしょうか。

たしかに「はじめに」で記したように、才能だけに依拠していては、一人の勝者を生みだすために、九人の敗者が犠牲になることになりかねません。あるいは、競争が激化すれば、九人が九十九人になる事態もあり得るのかもしれない。歴史を参照すると、そうした厳しい競争は、日本人には向いていないといえるでしょう。

かつて魏の曹操は「ただ才のみ、これ挙げよ」と大号令を下しました。私は人を評価する基準を才能にのみ求める。才能のある者よ、我がもとに来たれ、というのです。漢の高祖（劉邦）に仕えた陳平《ちんぺい》のように、抜群の知略があれば、それでよし。兄嫁と密通するような人倫にはずれた振る舞いにも目をつぶる、というのです。そうやってどん欲に才能を求めていかないと、広大な中国の覇者になることはできなかった。

日本の歴史では、こんなにはっきりと才能の結集を呼びかけた人物はいませんでした。せいぜい織田信長が、それに近いことをやっているくらいです。日本社会は古くから、才能の用い方に習熟していない。だから第二章で見たように年功序列があったり、世襲があったり。絶えず争いつづけるぎすぎすした人間関係ではなく、まったりとしたコミュニティを指向するのでしょう。

ただし、前近代ならばそれでも構わないのかもしれませんが、いまは何しろ「グローバリゼーション」の時代です。絶えず世界の動向に気を配り、世界と競争していかねばならない。そのときに世襲だけでは、とても太刀打ちできないのではないか。近年では、世襲で発言力を得た政治家が、しきりに公務員を叩いて票を獲得しようとしている光景もしばしば見られますが、せっかく明治維新が作りだした官僚機構をつぶしてしまって良いのでしょうか。とてももったいない気が、私にはするのですが。

世襲議員と中央官庁の上級公務員＝官僚と。その限りで話をすれば、世襲議員には私たちはなれません。天運です。でも努力して勉強すれば、官僚にはなれるのです。ならなかったのは、もっぱら私たちの側に理由があるのです。父祖譲りの地盤を受け継いで選挙を勝って、「民主的」だと称する世襲議員と、子どもの頃から一生懸命勉強して、何度もの試験をくぐり抜け、職場でも鍛えられてきた官僚と。世界とやり合う戦力としてどちらを信用するか、と問われれば、ぼくは文句なしに官僚の能力の方を支持しますけれども。でも、それは少数派なのですね。

徳行が必要である！

才能の突出は多くの敗者を作るし、何より日本人は感覚的にそれに耐えられない。といって世襲だけでは、世界と戦うのに心許ない。ではどうすればよいのでしょうか。

福田和也は『人間の器量』で「徳」を磨け、と勧めています。たしかに日本の伝統的な知識人が意識していたのは、世襲（重代）、才能のほかには「徳行」、徳ある行いでした。古い価値を持ちだすつもりなのかな、と思って読み進めると、福田は「徳」として、清濁あわせ飲む人間の大きさ、豊かさを養え、と論じています。確かにその通りです。このあたりが落とし所として、適当ではないでしょうか。

人間の奥行きをつくる徳については、儒教が様々に教えてくれています。ですが、そのままでは現代に適合しない。なんらか読みかえる必要がある。私はそれは、俯瞰的な思考習慣の体得ではないか、と思います。言葉を換えるなら、ゼネラリストになること。

近年、イラク派兵や北朝鮮とのタフな交渉が行われた時、頻りに国益という言葉が用いられました。そうした決定は国益にかなうか否か。確かに真剣に考えるべき問題なのですが、あまりにも目先の利益にとらわれているような気がして、仕方がありませんでした。それは、例えば自衛隊の海外派兵の如く、長年の慣行を変えたいという結論が先にあって、それを正当化するために捻り出された理屈だったからかもしれません。

こうした行動を選択すれば、どの国とどの国とは喜んでくれて、どの国が怒るから、国益に資するとか反するとか。石油をとるか、牛肉をとるか等々。短いスパンで考慮することも大事なことでしょう。けれども、本当の国益とは何か。たとえ五年、十年は損することになるかも知れないが、そこをやせ我慢して何とか耐え抜けば、国際的な尊敬を得られて結局は大きな利益になる。イヤ、その五年が今の日本には耐えられないので、ではその制約の中で次善の策を採ろう。国益を考えるとは、そうした種類の判断であって、それにはどうしても俯瞰的な考察が必要になる。精神的なものも含めて、広くものを見る。様々な要素を総合して考えねばならないのです。

物事を多面的に見る複眼を養うには、一つの学問だけを習得するのでは足りません。第四章に見たように、日本の知識人は古くから、いくつかの学問をトータルに学んでいました。それは現代的に言えば、文系・理系の枠すら超えた、最近の言葉でいえば文理融合の諸学問である、といえましょう。

日本人は「ものづくり」に秀でている。けれども技術を追い求めるだけでは、十分ではありません。技術革新が誤った方向に進まぬようにするには、たとえば勇気をもって文明や科学を後退させる、快適さの追求に自らストップをかけるような事態も含めて、理系の学問だけではない思想・哲学が必要になります。人間とはどうあるべきか、地球はどうあるべきか。今はやりのエコとは、結局そういうことに他なりません。

「ものづくり日本」にはかけがえがないため、理系の諸学問は幸いなことに、相応のリスペクトを受けています。そこで「いま」必要になるのが、実効性に乏しいがために人気が急速に下落した、人文系の諸学問の復権ではないでしょうか。哲学や文学や歴史などは、学んだからといって、すぐに効果が「かたち」となって現れるわけではない。でも、それに触れることによって心は豊かになり、思考に奥行きが生まれます。

先ほども言ったように、人間とは何か。世界はどうあるべきか。専門性の高い難問に逢着するたび、そうした大問題に立ち返り、考察を重ねていく。一つのスペシャリティが、いつでも大きな思索の幹にフィードバックされ、個と総体が連関をもちながら考えられていく。こうした態度がおそらく、現在の「徳」でありましょう。

「才能」も「世襲」も、「徳」を兼ね備える。広い視野に立ってものごとを大きく捉え、考える。世襲と才能を徳の名のもとに止揚する。そうした柔軟な姿勢こそが、現代の日本人に求められているのではないでしょうか。平凡な結論ですが、私はそう考えています。

第九章　女性天皇について日本史から考える

男系論者のロジック

二〇一九年五月、特例法によるものとはいえ、約二百年ぶりに生前退位が実現したことをきっかけに、皇位継承に関する議論がまた盛んになるかもしれません。そのときの論点のひとつが女性天皇、女系天皇の是非でしょう。

かつて秋篠宮家に悠仁《ひさひと》親王が生まれる以前にも、女性天皇の是非が盛んに議論されたことがありました。その時に保守と言われる論客がしばしば取り上げ、言及したのが「女系天皇」という一般には聞き慣れない概念でした。

興味深いのは、「女系天皇」に言及する論者の多くが、女性が天皇になることに否定的だったことです。「先に結論ありき」で、彼らのホンネは最初から「天皇は男性であるべきだ」でした。でも、何の理由もなしに女性天皇に反対するのは、現代社会では納得が得られにくい。その時に（女性天皇反対派にとって）厄介なのは、数は少ないけれど、推古天皇や持統天皇など、女性が皇位に就いている史実です。日本史の観点からは「女性は天皇になってはいけない」という主張は成立しないわけです。

そこで工夫されたのが女系天皇という概念でした。つまり、歴史上の女性天皇はみな一代限りの存在である。彼女と皇族でない夫との間に生まれた子どもが、次代の天皇になっている例はない、と。たしかに皇極《こうぎょく》天皇（女帝）が産んだ皇子は天智天皇となり、元明天皇（女帝）が産んだ皇子は文武天皇となっています。だが天智天皇の父は舒明《じょめい》天皇、文武天皇の父は天武天皇の子の草壁皇子ですから、天皇の系図はちゃんと男系でつながっているわけです。

もしもいま女性が天皇になれば、その方は普通に結婚するだろうし、相手は天皇家以外の一般人になるでしょう。そうすると次の天皇は、父方に天皇をもたない、日本史上に例を見ない女系天皇になってしまう。それは天皇の大原則である「万世一系」をこわすことになるから、女性天皇は認めることができない——というのが、反対派の理屈でした。

では、かつての日本には、天皇は男系でなければならないという意識があったのでしょうか。それとも結果としてたまたま男系で継承されてきただけなのでしょうか。もしもそうした「男系を絶対条件とする」という意識や価値観が連綿とあったのだとすれば、今後も天皇は男系で、という主張には一定の、もしくは十分な説得力が生まれるでしょう。けれども、「結果としての万世一系」のように「結果としての男系天皇」であるならば、それはこれからの皇室を考える際の立論の根拠とするには弱いのではないか、強い説得力を持たないのではないかと思うのです。

とはいえ、過去の時代に生きた人々の意識のあり方を見定める、というのは、非常に難しい。不可能に近いかもしれません。それでも当時の史料や文学作品などを見ていくことで、出来うる限り、この難問に接近していきたいと思います。

歴史のなかの女性天皇

まずは過去の女性天皇のあり方を見ていきましょう。日本の歴史には八人十代の女性天皇が存在しました。

推古天皇（五九二～六二八：以下、いずれも在位期間）
皇極天皇（六四二～四五）／斉明《さいめい》天皇（六五五～六一）
持統天皇（六九〇～九七）
元明天皇（七〇七～一五）

元正天皇（七一五〜二四）
孝謙《こうけん》天皇（七四九〜五八）／称徳《しょうとく》天皇（七六四〜七〇）
明正《めいしょう》天皇（一六二九〜四三）
後桜町《ごさくらまち》天皇（一七六二〜七〇）

このうち皇極天皇（斉明天皇）と孝謙天皇（称徳天皇）はそれぞれ名前を変えて二回即位しているため、八人なのに十代と数えるわけです。興味深いのは長い天皇の歴史でも、二回即位（重祚《ちょうそ》といいます）しているのはこの二人のみ、つまり女性天皇だけだということです。

この女性天皇が登場する時期は大きく二つに限られます。ひとつは推古天皇（聖徳太子として知られる厩戸皇子の叔母さんです）から孝謙天皇までの六世紀末から八世紀にかけて。もうひとつは江戸時代です（明正天皇、後桜町天皇）。この二つの時期では、同じ女性天皇といっても、位置づけは少し異なってきます。これも後ほど。

では、なぜ女性天皇が生まれたのか、からみていきましょう。実は第一章で論じた上皇の誕生と事情はよく似ています。前にも論じましたが、奈良時代以前の天皇は成人の男性。

これが基本です。それは天皇（大王）が武力の王だったからです。私は、この「天皇は成人の男性」という条件は〝ルール〟ではなく、常に戦争に備えるという〝現実の要請〟だったと考えています。この違いは重要です。もしも「天皇は成人の男性に限る」というのが、当時の朝廷の絶対的な〝ルール〟、最優先事項だとしたら、女性天皇は生まれるはずがありません。天皇「氏」には成人男性はたくさんいたからです。

初の女性天皇とされる推古天皇は、欽明天皇の娘で、敏達天皇の后（敏達天皇も欽明天皇の息子で、推古からすると異母兄）でした。敏達天皇の次の天皇、用明天皇は実の兄です。この時期はよく知られるように、蘇我氏が勢力を伸ばしており、暗殺、謀略の飛び交う血なまぐさい権力闘争の季節でした。蘇我馬子は自らが皇位に就けた崇峻天皇さえも暗殺してしまったほどです。

崇峻暗殺のあと、誰を天皇にするか？　皇太后であった推古と蘇我氏は、推古の実子である竹田《たけだ》皇子を擁立しようと考えたのですが、蘇我氏に対立する勢力は別の候補を立てようとします。そこで蘇我氏は正面衝突を避け、皇太后を天皇とします。これが推古天皇誕生の経緯とされています。つまり、推古天皇は本命である竹田皇子が即位する環境が整うまでの〝中継ぎ〟だと考えられるのです。

ここには、第一章でみた持統天皇の即位と上皇になる経緯と同じ論理が見て取れます。本命の候補がまだ幼かったり、政治情勢が即位を許さなかったりしたとき、〝中継ぎ〟として登場したのが女性天皇であり、上皇であったといえるでしょう。

推古天皇から一代おいて皇極天皇。まさに蘇我氏の全盛期でしたが、六四五年、クーデターが起こり、蘇我氏は滅亡します。世に名高い大化の改新です（近年では、クーデターそのものは乙巳《いっし》の変、それに始まる中大兄皇子、中臣鎌足らの一連の改革を大化の改新と呼ぶのが主流です）。そこで皇極天皇は中大兄皇子に位を譲ろうとするのですが、皇子に固辞され、弟である軽皇子に譲位します（孝徳《こうとく》天皇）。実は、天皇の生前譲位はこれが初めてでした。

ところが孝徳天皇が崩御しても、皇太子である中大兄皇子はまだ天皇になろうとしない。そこで仕方なく皇極天皇が再び即位し、斉明天皇となるわけです。この重祚は、大本命候補であり、実質的には最高権力者であった中大兄皇子の政治判断によるものでしょう。つまり斉明天皇は、次代の天智天皇への〝中継ぎ〟だったわけです。また〝中継ぎ〟だからこそ、本命にたどり着くまでに二度も天皇をつとめることになったのでしょう。

孝謙天皇という異質の存在

持統天皇については第一章で詳しく述べました。最終的には持統の孫である文武天皇が即位するまで、上皇をつとめたわけですが、その文武も二十五歳で早世してしまい、残された直系の首皇子《おびと》(文武の息子)はまだ七歳と幼い。そこで天智天皇の娘であり、草壁皇子の妻、文武天皇の母が元明天皇として〝中継ぎ〟をつとめます。ところが、聖武天皇が病弱だったこともあり、さらに文武天皇の姉で独身の内親王が〝中継ぎの中継ぎ〟として元正天皇となる。直系相続への移行はなかなか大変だったのです。

そこまでして即位させた聖武天皇でしたが、男子が育たず、直系の子どもは娘の阿倍内《あべのない》親王《しんのう》ただ一人。さらには仏教に深く帰依するあまり、突然出家して、皇太子にしていた阿倍内親王に位を譲ってしまいます。これが孝謙天皇です。

八人十代の女性天皇の中で、孝謙天皇は異質の存在といえます。そもそも皇太子となった女性は彼女ひとり。天武・持統直系の唯一の後継者でしたから、ある意味では〝中継ぎ〟ではなく、本命の天皇候補だったともいえる。ただしひとつ大きな問題を抱えていました。後継者問題です。天皇の后だった推古や皇極、持統、元明とは異なり、孝謙は独身の内親王でした。この点は重要なので、後に論じたいと思いますが、これまで天皇となった女性が結婚した例はありません。〃中継ぎ〃ではない女性天皇の後継者をどうするか、という頭の痛い問題を、孝謙天皇の即位ははらんでいたのです。

結局、紆余曲折あって天武天皇の子の舎人《とねり》親王の息子を皇太子としますが（のちの淳仁《じゅんにん》天皇）、孝謙は自分こそ天武・持統の唯一の直系という強い自負を持っていました。実際の政務は藤原仲麻呂《なかまろ》が握っていたものの、孝謙自身も相当の権力を振るい続けます。上皇となったあとも、皇族の処遇や人事についてしばしば強い発言権を行使しました。もともとは孝謙の最側近だった仲麻呂、譲位してもらった淳仁天皇にとっても、御しにくい存在でありつづけたのです。

そんななか起きたのが、有名な道鏡事件でした。病を得た孝謙上皇が側に仕えた僧侶、道鏡を寵愛するようになったのです。危機感を抱いた淳仁天皇、藤原仲麻呂との反目は深くなっていき、仲麻呂は反乱を余儀なくされるまでに追い込まれて殺害、淳仁天皇も淡路に流されてしまう。淳仁天皇を廃した後、孝謙上皇はみずから皇位に返り咲きます。称徳天皇です。

仲麻呂という最大の障害を取り除いた称徳天皇は、ついに前代未聞の決断を下します。道鏡を天皇にする！　これにはさすがの朝廷貴族たちも抵抗を続けるうちに、称徳天皇は病没。〝道鏡天皇〟は幻に終わります。

さて、この道鏡事件から読み解けるものはなんでしょうか？

第一に、称徳天皇は、天皇を決定する力は自分にある、と考えていたことです。道鏡を天皇にしようとした原因としては、道鏡との男女関係説や、仏教への過度の傾斜、称徳自身の健康問題などが考えられますが、より本質的なのは、称徳自身が最高決定者であるという自負を強く持っていたこと、その自分の決定は前例や朝廷の〝世論〟をも超越すると考えたことでしょう。また現実にも称徳天皇は、朝廷の実務を牛耳っていた藤原仲麻呂を実力で排除している。軍事的、政治的裏打ちのある権力者だったわけです。

そして第二に、その称徳天皇の権力をもってしても、有名な和気清麻呂《わけのきよまろ》の抵抗などが示すように、貴族たちの納得は得られなかった、ということです。ここでの争点は、「天皇家以外の人間が天皇になってよいのか」です。そこには絶対的な〝ルール〟らしきものがあるようにも思えます。

とはいえ、この「天皇家以外」という条件がなかなか難しい。「天皇家」は厳密に定義されているわけではないからです。たとえば清和《せいわ》源氏、桓武《かんむ》平氏というように、源氏のルーツは清和天皇、平家のルーツは桓武天皇と、いずれも天皇家とつながっています。では、源頼朝や平清盛が天皇になりえたのか、といえば、おそらく難しいでしょう。この「貴族たちの納得」のなかに、当時の世襲の原理原則のようなものが垣間見えます。

もしも道鏡が天皇になってしまったら、それまで朝廷を支えてきた世襲秩序、「氏」の秩序が根底から揺り動かされます。その意味では道鏡事件は、単なる皇位の継承だけではなく、貴族たちの秩序意識にかかわる事件だったと考えることもできるでしょう。

そして第三に指摘できるのは、この事件が朝廷貴族たちに「女性天皇への忌避感」のようなものを植えつけたのではないか、ということです。事実、称徳天皇からおよそ八百六十年近く女性天皇は登場しません。よほど道鏡事件に懲りたのでしょう。

江戸時代の無力な女性天皇

一気に時代が下って、江戸時代になると、二人の女性天皇が登場します。

しかし、これは天皇が権力の中心だった奈良時代以前の天皇とは、まるで違います。江戸時代の天皇は軍事も土地も経済力も奪われ、辛うじて残されたのは、雅な文化と、改元、暦を作ることくらいになってしまいます。権力という観点から見れば、天皇の価値がほんとに下がってしまった。だから天皇が男であろうと女であろうと、実際に権力を握っている幕府にとってはどちらでも構わない、ということになるのです。

江戸前期に即位した明正天皇（在位一六二九〜四三）の場合、仕掛け人は父の後水尾《ごみずのお》天皇（在位一六一一〜二九）でした。後水尾天皇は、禁中並公家諸法度（一六一五年）などで朝廷をがんじがらめに縛り付けた幕府に強い怒りを覚えていました。たとえば、それまで高位の僧侶に紫色の袈裟《けさ》などを賜る権利は朝廷が有していました。これは仏教界を自らの影響下に置く朝廷の手段であり、収入源のひとつでもありました。しかし、禁中並公家諸法度では朝廷がみだりに紫衣《しえ》などを贈ることを禁じたのです。しかし、後水尾天皇はこれを無視して、僧侶十数人に紫衣の着用への勅許を与えました。それに対し、幕府は勅許状の無効を宣言し、さらには沢庵など幕府に抗議した高僧を流罪にします（紫衣事件、一六二九年）。

一六二九年、後水尾天皇は、幕府に何の断りもなく、いきなり退位を決め、次女の興子内親王に譲位してしまいます。明正天皇の誕生です。つまり、明正天皇は後水尾天皇の政治的なカードのひとつであり、幕府への腹いせでもありました。

もうひとりの江戸時代の女性天皇、後桜町天皇（在位一七六二～七〇）はもっといい加減で、当時の摂関家の人々による一種の長老会議で決まってしまいます。幕府にも事後報告でした。このとき、後に後桃園《ごももぞの》天皇となる弟の英仁《ひでひと》親王がまだ五歳でしたから、まさに〝中継ぎ〟の天皇なのですが、幕府が不干渉を決め込むほどに天皇の地位は軽くなっていたのです。

結果としての男系

ここまで見てきたような歴史の経緯を踏まえた上で、女系天皇の問題に戻りましょう。天皇家の系譜はすべて父から子へ男系でつながっています。母―子のみで結ばれた女系は存在しません。これは歴史的事実です。

では、そこに「天皇はすべからく男系であるべし」という理念はあったのでしょうか。

結論を先に言ってしまうと、私は「結果としての男系天皇」にすぎないのではないかと考えています。つまり確固たる価値観、天皇観に基づくというよりも、さまざまな事情の結果、たまたま男系が続いてきただけ、と見たほうが実態に近いと思えるのです。

その理由のひとつは、第一章でも触れた古代貴族社会の婚姻形態、招婿婚《しょうせいこん》の問題です。女性の天皇は古代に集中しますが、当時の貴族たちの婚姻は招婿婚というかたちを取っていました。女の家に男が婿として通い、子どもは女の実家で育てられる。母方の祖父・祖母の庇護のもとに成長します。

平安時代の朝廷では、天皇には藤原氏の娘が后として配され、彼女が産んだ皇子は彼女の実家、藤原邸で育てられました。ですから彼が天皇になると、母方の祖父や伯父、従兄弟たちが天皇の周囲に集まり、自ずと政治の手助けもする。これが摂関政治だということも、前に説明した通りです。

もし平安期から天皇の継承は男系で、という強烈な意識があったと想定すると、この招婿婚の盛行はちょっと説明できません。明らかに母方が強い発言力を持つシステムだからです。貴族のモデルとしての天皇が男系で継承されるなら、朝廷でも家父長の権限がもっと強くてしかるべきです。少なくとも男の家に女が嫁いでくる、嫁とり婚が多数派になるのではないでしょうか。

さらに言えば、男系の正統性を重視すればするほど、血の問題が重んじられます。男系継承の本場（？）中国では早くから後宮のシステムが発達しました。血統を重視するならば、宮廷の女性たちが間違っても皇帝以外の子どもをはらんではならない。そこで女性を一ヵ所に閉じ込めて管理し、さらには去勢をほどこした宦官に、後宮を管理させたのです。

一方、日本ではどうでしょう。平安の内裏のなかにも皇后や后、女官らが集まって暮らす後宮がありましたが、その管理はいたってルーズなものでした。そうでないと、『源氏物語』の世界は成り立ちません。

実は、「天皇は男系でなければならない」という議論を念頭において、『源氏物語』を読むと、相当に危険なことが書かれている。あの物語の根幹にあるのは、光源氏が不倫をして、出来た子どもが天皇になってしまうというストーリーですね。光源氏は確かに天皇との血筋は近いけれども、臣籍降下している、すなわち皇族ではなくなって一般の貴族になっていますから、原理的には源頼朝や平清盛と変わりません。しかし、『源氏物語』の読者たち、同時代であれを読めた人はほんの一握りの貴族階層だったのですが、彼らは臣下の子どもが天皇になるという筋立てをまったく問題にしていなかった。そうなると、「男系主義」的な理念が貴族層に強固に存在した、といえるのだろうか、と考えてしまうのです。

また『源氏物語』の中に源典侍《げんのないしのすけ》という女性が登場します。天皇のそばに仕える女官を内侍《ないし》といいますが、そのなかにも階級があって、尚侍《ないしのかみ》、典侍《ないしのすけ》、掌侍《ないしのじょう》の順に偉いわけです。このうち、尚侍は習慣的に置かれなかったので、典侍というのは、天皇のそばにいる女官の最高峰であり、しばしば天皇の子どもを産むこともある存在なのです。その子どもが次の天皇になることもありうる。

その源典侍と光源氏は男女の関係になるのですが、このとき源典侍は五十代後半、光源氏は十代後半。すごい年の差だというので、そちらにばかり関心がいきがちなのですが、歴史学の目で見ると、注目すべきはそこではありません。

つまり、天皇の一番身近にいて、天皇の子どもを生む可能性の高い人が、要するにただの人と密通してしまっているわけです。さらにいえば、源典侍には光源氏のほかにも、ふだん通ってくる夫のような存在、修理大夫《しゅりだいぶ》という貴族もいました。つまり彼女が子どもを生んだとき、お父さんが誰かわからないということが、平安時代の高貴な男女の関係性においては、大いにありうることだった。平清盛が白河天皇のご落胤だという噂話も、こうした開放系の男女関係から発生したのだと思います。

もちろん『源氏物語』はフィクションの世界であり、現実にはタブーだからこそ熱心に読まれた、という意見もあるでしょう。では、次の例はどうでしょうか。

院政期でいえば崇徳《すとく》天皇。彼は系譜上は鳥羽上皇の子どもなのですが、なんと鳥羽の祖父である白河上皇の息子ではないか、という疑いが当時から囁かれていました。いや、それどころか鎌倉初期の説話集『故事談《こじだん》』には、鳥羽上皇が崇徳のことを「叔父子」と呼んでいたという逸話も出てくるほどです。

もっと時代が下っても同様で、南北朝の花園天皇といえば歴代の天皇の中でも最も深い学識を誇った哲人天皇とされていて、皇太子であった甥の光厳《こうごん》天皇に、あなたが天皇になった暁にはこうしなさい、と記した『誡太子書《かいたいしのしょ》』を書いたことでも知られています。ところが、その甥の光厳天皇は、花園天皇の息子で皇太子になっている直仁《なおひと》親王は、本当は自分の子なんだ、と自ら書き残しているんです。恩知らずというか、なんというか。

崇徳天皇や光厳天皇のケースはどちらも天皇家内部の話だから、男系論的には問題ないといわれるかもしれませんが、当時、皇族と上級貴族のあいだに、そこまでの隔たりがあったかも疑問です。第七章でも触れましたが、鎌倉中期以降の日記文学、後深草院二条が書き残した『とはずがたり』には貴族、皇族、いずれとも深い関係を結ぶ女性の生涯が描かれています。

つまり、古代、中世においては、男系による血のつながりは、それほど重視されていたとはいえないのではないでしょうか。

むしろ血統へのこだわりが強くみられるようになるのは、江戸時代になってからでしょう。これは特に武家において儒学の影響が強くなったからだと思いますが、『源氏物語』とはひどく破廉恥な文学であると非難するようになります。男子直系継承を理念とする「家」制度が定着してきたからだと考えられます。江戸幕府が大奥を設けるようになったこともこうした流れのひとつではないでしょうか。

さらに、こうした武家の道徳観を、朝廷の側も受け入れていくのです。たとえば、江戸初期に、猪熊《いのくま》事件という騒動が起きる。これは猪熊教利《のりとし》というイケメンの公家が、人妻や宮廷の女官に手を出して、仲間まで巻き込んで、不義密通を重ねていたところ露見したという事件なのですが、これに激怒したのが時の後陽成《ごようぜい》天皇でした。そこで猪熊ら全員、厳罰に処せと幕府に言うわけです。結局、猪熊は死罪になるのですが、それでも後陽成天皇は、幕府の処置は生ぬるいと洩らしていた。つまり、武家よりも朝廷のほうがより厳しい処置を求めるようになっていたのです。

結婚しなかった皇女たち

話がずいぶん先に進みました。

日本の歴史で女系天皇がいなかった理由として、私がより重要だと考えるのは、「高貴な女性の神聖性」という考え方です。

平安時代の後期から鎌倉時代にかけては、女性である内親王が特別な働きをした時期でもあります。それは皇室領の管理・保全。朝廷の実権を握った上皇は、自分がとくに鍾愛した皇女に莫大な荘園を与えました。その皇女は多くの貴族に奉仕され、豪奢な暮らしをしたのですが、ほとんどの方は未婚のままでした。人生の終焉を迎えるにあたり、彼女は然るべき高貴な皇子や皇女を相続人とし、自身が保有していた荘園群を譲るわけです。八《はち》条院暲子内親王《じょういんしょうしないしんのう》（鳥羽天皇の娘）が管理した八条院領や、宣陽門院覲子内親王《せんようもんいんきんしないしんのう》（後白河天皇の娘）が管理した長講堂《ちょうこうどう》領などは、皇室の有力な荘園群であり、重要な財源でした。ちなみに後に八条院領は南朝系に、長講堂領は北朝系に受け継がれていきます。

なぜ内親王が荘園の管理者となったのか。それは当時の相続システムと深い関係がありました。当時は、子どもが二人いれば土地も二つに分ける、三人だと三分割という相続が一般的だったのですが、これでは代を追うごとに資産は細切れになってしまいます。しかし独身の内親王に相続させていけば、皇室の財産は目減りすることなく、そのまま保たれていきます。独身皇族はいわば財産の番人としての機能を果たしていたのです。

この例からもうかがえるように、日本史全体の流れとして、皇女はあまり婚姻をしていません。家族史、女性史の研究者、服藤早苗《ふくとうさなえ》編の『歴史のなかの皇女たち』（小学館）によると、古代では皇女の多くが結婚してはいますが、ただし相手は皇族に限られます。そのために近親婚もなされたとのこと。中世以降になると、「皇女＝未婚」が多くなります。朝廷の政治的地位が低下した江戸時代では、十三歳以上まで無事に成長した皇女五十人のうち結婚したのは十四人で、皇族である従兄弟との結婚が大半を占めています（例外は徳川将軍家に嫁いだ和宮親子《かずのみやちかこ》内親王などの三例だけ）。未婚は三十六人で、これらの皇女の多くは寺に入り、尼になっています。

なぜ皇女は結婚しないのか。私はこれは当時の人々の聖―俗―穢《けがれ》観にかかわっているのではないか、と考えています。

話は唐突に室町時代に飛びますが、四代将軍の足利義持の没後、時の後小松《ごこまつ》上皇は、そがない、という指示を出しました。義持との間に遺恨があったのか？　そうではありません。義持と上皇の関係は非常に良好でした。だから上皇は、人間関係のいざこざでそうしたことを言ったのではないのです。問題にしていたのは「死の穢」でした。清浄であるべき御所に、死の穢れが侵入してくる。それを防ごうとしたのです。

義持の遺体に直に接した貴族Aの穢れは、貴族Aに接触したBに移っていきます。子どもがよくやる「エンガチョ」と同じですが、A、B、Cと移っていくにつれて、穢れは薄くなっていく。そして、どのランクの穢れの人ならば御所にやって来て良いかまで、上皇は近臣に厳密に考えさせているのです（『建内記《けんないき》』）。記事を読んでいて本当に驚きました。天皇・上皇という存在は、それほどまでに「清らかである」ことに神経をとぎすましている。それが貴族社会の美意識であり、恐怖をも伴うような禁忌の感覚なのでしょう。

これを踏まえて考えてみると、皇女は神聖であることを強く求められ、そのために婚姻できなかったのではないでしょうか。彼女が性交渉をもつ、彼女の身体が犯されることはタブーとされたのです。例外は犯す主体が皇族であるときで、神聖な皇子との行為は聖性を損なうものではなかった。

前近代の感覚では、高貴な男性が何人も妾をもつ、多数の一般の女性と交わるのは構わない。問題にもなりません。その逆は、たとえば千姫の吉田御殿の話（豊臣秀頼未亡人の千姫が美男の町人を次々に御殿に招き入れ、男が憔悴《しょうすい》して死ぬまで性交渉をもつ、というタチの悪い噂）の如くにスキャンダルになります。同様に、皇室の男性が一般の女性と交わるのは問題ない。けれども皇室の女性が一般の男性と交わるのは、聖性が侵害されることであって、認められない。女系天皇が存在しなかったのは、まさにこのためではなかったでしょうか。

女性天皇が産んだ皇子・皇女が「女系の天皇」になるためには、女性天皇の配偶者が一般人＝臣下でなくてはならない。皇族ならば、男系になるのです。でも、一般人が皇女、ましてや女性天皇を犯すのは到底許されることではない。それゆえに女性天皇が一般人の子どもを産むことはなく、天皇は、固有の価値観というよりは、結果として男系で継承されていったのです。

補論　令和という年号への違和感

「令」といえば皇太子の命令

「いちばん初めに思い浮かべるのは、『巧言令色鮮し仁《こうげんれいしょくすくなしじん》』ですね」

二〇一九年四月、新元号が発表された翌日、私はテレビ番組で、こんな意味のことを話していました。国民の多くが祝賀する新元号にケチをつけるのか、とお叱りの言葉もいただきましたが、歴史を学んできた者として、言うべきことは言わなければなりません。

私の違和感は「令」という文字にあります。「巧言令色鮮し仁」とは誰も知る『論語』の一節で、〝口先がうまく、顔色をやわらげて、人を喜ばせ、媚びへつらうことは、仁の心に欠けている〟という意味です。「仁」とは儒教で最も大切な概念で、「他人に対する配慮、共感、思いやり」といった内容が近いと思いますが、それに最も遠いのが巧言令色だと、孔子は言っています。何もその文字を選ばなくともなあ、というのが、第一の印象でした。

日本史研究者としていうならば、「令」は天皇にふさわしい文字ではありません。日本史で「令」といえば皇太子の命令を指すのです。

有名なものとしては、いわゆる源平の戦いの際に出された以仁王《もちひと》の令旨《りょうじ》でしょう。一一八〇（治承四）年、時の高倉《たかくら》天皇の兄、以仁王が平氏打倒のために、諸国の源氏などに挙兵を呼びかけた文書です。以仁王自身は早々に平氏に討たれてしまいますが、治承・寿永の乱（一一八〇～八五年）の口火を切る役割を果たしました。正確にいえば以仁王は皇太子ではなく、親王でもないので、「令旨」と呼んでよいのかという問題はありますが、古来、「以仁王の令旨」と呼びならわされ、源頼朝たちにとってはこの令旨が錦の御旗になったわけです。

もうひとつ有名なのは、護良《もりよし》親王の令旨です。大塔宮《おおとうのみや》護良親王は後醍醐天皇の息子で、鎌倉幕府の討幕運動を担った中心人物です。後醍醐天皇が二度目の討幕運動に失敗して、隠岐の島に流されるのですが、護良親王は逃げ延びて、楠木正成や赤松円心《あかまつえんしん》といった悪党勢力を味方につけてゲリラ戦を展開します。その過程で、各地の武士たちに鎌倉幕府を倒せという令旨を発し続けたのです。後醍醐天皇の倒幕計画は実現性に乏しいものでしたが、それでも何とか倒幕勢力が命運を保ったのは、この護良親王の功績が大きい。実際、最後に鎌倉幕府にとどめを刺したのは、護良親王の令旨を受けた新田義貞でした。

このように「令旨」とは皇太子、親王が発するもの。では、天皇の命令は何かといえば

「綸旨《りんじ》」です。「綸言《りんげん》汗の如し」という言葉がありますが、この意味は、皇帝（天皇）の発言は汗のようなもので、引っ込めたり訂正したりすることは出来ない、というものです。また天皇と密接な関係があるのは「勅」「宣」などで、どう考えても「令」ではない。この天皇のことばといったら「綸」「勅」「宣」、「令」は皇太子というイメージは、日本史を研究した者ならばすぐ頭に浮かぶはずです。

それから「令」は家来を表す言葉でもあります。

鎌倉幕府などで「政所《まんどころ》」という組織がありますね。あれは三位以上の上級の貴族とか、源頼朝のように征夷大将軍になると、自分の財産を管理する政所という組織を開くことが出来ます。頼朝の場合、「政所下文《くだしぶみ》」という文書を出して、それによって御家人の統制を行いました。

この源頼朝の政所下文というのは、御家人たちの間で非常に権威を持ち、大変貴重なものとして後世に伝えられてきているのですが、これをみると、律令にも定められている、政所の正式な職員で、最上位にくるのが令なのです。ちなみに律令に定めがないのに政所を仕切っているような役人が別当です（正式な職である専当に対して、定めがないから別当といいます）。

言ってみれば、この令というのは家令の令です。この令が礼儀の礼になることもあって、室町後期から戦国時代の公卿、山科家の家司《けいし》が記した日記で『山科家礼記』という史料がありますが、これもケライと読みます。そこからさらに「来」という字をあてたのが「家来」になる。

新しい天皇は日本史の研究者でもあるんですね。だから、ここまで私が述べてきたようなことはおそらくよくご存知だと思います。そう思うと、同じ日本史研究者として、なんか申し訳ないなという気持ちになります。

なぜ梅の花なのか？

もうひとつ「令和」をめぐる話で違和感を覚えたのが、今度は日本の古典から採用した、ということが非常に強調されましたね。日本の古典から採用するということ自体には、何の違和感もありません。日本にも膨大な古典があり、年号にふさわしい文字もいくらでも見つかると思うのです。

でも日本由来を強調するなら、なぜ梅の花なのでしょうか。古来、梅といえば、まさに中国文化を象徴する花だからです。

「初春の令月《れいげつ》にして、気淑《きよ》く風和《やわら》ぎ、梅は鏡前の粉を披《ひら》き、蘭は珮後《はいご》の香を薫す」

新元号「令和」の出典となった万葉集の一節ですが、高校の古文の時間で習いました。中国文化の影響が強かった古代で単に「花」といえば、梅の花を指す。漢文学に造詣が深かった菅原道真は「東風《こち》ふかば　匂いおこせよ梅の花　主なしとて春な忘れそ」と詠みました。これに対し、国風文化が育った平安時代中期以降で「花」と記したときには桜の花を意味します。

梅の花を下敷きにした詩歌から言葉を採ってはいけない、というわけではありません。でも、日本由来をあれほど強調するのならば、あえて梅にちなんだ文章からとってこなくても、というのが、私の素朴な疑問なのです。

元号はどうして生まれたのか

しかし、もっと疑問に思うのは、一部の論者が唱えていた「日本の元号を中国の古典からとることはおかしいのではないか」という意見です。近年では、学校でわざわざ中国のものを習うことはないから、漢文を授業科目からはずせ、という意見も目にしましたが、同様の危うさを感じずにはいられません。

そもそも日本の元号はどうして生まれたのでしょうか。古代より東アジア世界の中で、中国というものを中心に歴史が動いてきたのは否定しようのない事実です。それを文化の面で端的にあらわしているのが漢字でしょう。その漢字を使用する漢字文化圏の優等生が、朝鮮であり、ベトナムだった。そこに日本も加わってきた。

その時に、中国に対して、完全に宗主国として仰ぐのか、それともある程度距離を取って、小なりといえども独立国としてやっていくのか、という選択があったと思います。そこではやっぱり地政学的な条件は大きくて、ベトナムや朝鮮は中国と地続きであるために、しばしば侵略の脅威にさらされた。一方、日本は東シナ海によって隔てられていたので、独立を保ち得たという面はあるでしょう。

そんな日本もやはり大きな危機を迎えることが幾度かありました。古代でいえば、本書でも前に言及しましたが、白村江の戦いです。そこで天智・天武・持統の時代に、日本はいわば建て直しをはかることになった。そのときのグランドデザインは何か。私の表現では、中国スタンダードのもとでのアイデンティティ構築プロジェクトです。日本という国号、天皇という称号、記紀という歴史書の編纂、そして律令の導入。これらはみな中国文明の基準をにらみつつ、独立国の構えを整えていく作業だったと思うのです。

元号もそのひとつです。完全に中国を中心とした外交秩序（冊封《さくほう》体制といいます）の内側に入ってしまうのなら、中国の年号を使用すればいい。しかし、日本の選択は、漢字を用い、中国の古典から言葉を選ぶという中国スタンダードにのっとりながら、日本独自の元号を使用するというものでした。

ちなみに日本最古の元号は大化の改新の「大化」ですが、空白の期間があって、途切れなく続いていくようになるのは、大宝律令の「大宝」からなんです。天智＝中大兄皇子の時代に試みが始まり、天武・持統を経て、定着していくという流れだと考えると、平仄《ひょうそく》が合います。

このことは私ひとりの思い付きではありません。昭和二十五年、参議院で、「元号はこれからも必要なのだろうか」というテーマで議論がなされたことがありました。このとき、実は元号廃止・西暦採用論が優勢だったのだそうです。そこで勇気ある元号擁護の論陣を張った一人が、日本古代史で偉大な業績を築いた坂本太郎先生でした。坂本先生の論旨は明快で、「年号を立てることは独立の象徴であり、文化水準の表示でもあった」ということです。年号を制定したときは、国勢を整え文化を高めて、当時の世界に伍して恥ずかしくない独立国を打ち立てるという熱意に燃えていた。年号はその端的な表現だった。ずっと年号が続いているということは、我が国が独立国の事実を失わなかったという証《あか》しである。簡単に廃止してはいけないというのが、その元号存続論の骨子です。この議論は、いまでも説得力をもっていると私は思います。

その意味で、元号とは、日本がまさに東アジアという大きな文化圏の中でサバイバルしてきたひとつの成果といえるでしょう。この広大な漢字文化圏のなかで、漢字のような表意文字から、ひらがな、カタカナといった表音文字を作り出し、両方を使いこなしてきた。それが日本文化の達成だと思うのです。この観点に立つと、日本由来、中国由来という区別自体、さして意味を持ちません。古代から中国の古典を、明治以降は西洋の文明を、自らのものとして取り込み、独特の日本文化に変換してきた。そして、それによって、日本という独立した国、文化、社会を育んできた。それだけにこの元号というものを、もう少し丁寧に扱ってあげたいなとも思うのです。

旧版あとがき

フランスの哲学者ロラン・バルト（一九一五〜一九八〇）は一九七〇年に日本について『表徴の帝国』を著し、独自の日本論を展開しました。それによると、西洋が「意味の帝国」であるのに対し、日本は「表徴（記号）の帝国」である。ヨーロッパの精神世界が記号を意味で満たそうとするのに対し、日本はそれを拒絶する。

ヨーロッパの都市の中心にはマルクト広場があり、聖堂・市庁舎・広場が設けられ、様々な機能がそこにぎっしりと凝縮されます。一方で、大都会である東京の中心には、皇居という、空虚な空間が鎮座するのです。

皇居に住まわれる天皇の本来的な権力は、確かにこれまで見てきたように、まさに表徴です。官僚をもたなかった天皇はいつも「君主」とか「王様」という記号としてのみ機能し、実権力を行使できない。ではだれが統治行為を担うかというと、その周囲の摂関であるとか、皇位を退いた上皇であるとか、貴族たちが働くのですね。

朝廷の権力は、ですからまん中に穴の開いたドーナッツ状をしていたのかも知れない。

足利尊氏の執事、高師直の「天皇は木か金で作って置いておけ。生身の方は島流しにしてしまえ」という暴言は、それでも天皇は必要なんだ、という彼の言外の意をくみとるならば、天皇制の本質を的確に言い当ててもいるのです。

今回は「才能」・「世襲」・「徳行」を用いて考察してみたわけですが、次回は（というか、もし次回があるのなら）、こうした記号論を用いて、過去の天皇制や将軍権力を分析してみたいと思っています。

最後になりましたが、飯窪成幸さんに感謝の辞を述べさせていただきます。とっちらかった私の考えに辛抱強く耳を傾け、的を射た数々の提言をして下さったのが飯窪さんでした。おかげで、何とか一冊の本にまとめることができました。心からお礼申し上げます。また島津久典さんは、最後にきちんとした輪郭を本に与えて下さいました。あわせてお礼を申し上げます。

デッシー（先住ネコのアルトに弟子入りしたので）を拾った夏の終わりに

本郷和人

新版あとがき

室町時代の六代将軍足利義教《よしのり》のころ、石清水八幡宮と中村佐渡入道・上月大和守という武士のあいだに争いがあり、幕府の法廷に持ち込まれた。八幡宮領である播磨国西河合において、中村・上月は八幡宮の家来の郷鼻彦左衛門入道を殺害し、年貢を納めない、というのだ（『御前落居記録《ごぜんらっきょきろく》』より）。

播磨の西河合は現在の兵庫県小野市のうちにある。中村・上月という姓は同地の守護大名である赤松氏の有力な家臣の中に見える。幕府は彼らに事情を尋ねたところ、どうも言い分がちぐはぐで、とても信用がおけない。

そこで幕府は湯起請《ゆぎしょう》を催すことに決めた。湯起請とは世界的に行われていた「神明裁判」の一種であって、事の真偽を神に尋ねる呪術的な裁きである。審判を受ける者は潔白を誓った後、湯の中に手を入れる。もし彼が真実を述べていれば、神に守られて無傷である。偽りであれば、手は焼けただれる。

湯起請を行うから出廷せよ。幕府はそう三回通告したが、中村・上月はやってこなかった。ウソが露見するのを怖れたのだろうと判断し、それを根拠として一四三二（永享四）年四月十四日、幕府は中村・上月を敗訴とした。西河合にあるその財産は没収され、石清水八幡宮の所有に移された。

湯起請は六世紀ごろに盟神探湯《くがたち》と呼ばれ、行われていた記録がある。だが時代が下ると姿を消し、室町時代の中期に突如として復活する。さて、これをどう解釈するか。理性を以て考えるなら、煮え立った湯に手を入れれば、心頭滅却すれば火も自ずから涼し、とうそぶいてもやけどは必至である。幕府はそれを逆手にとって、こいつはクロだな、でも決め手となる証拠がない、というときに湯起請を使ったのではないか。つまりは畏れ多くも、神を利用したに違いない。

そうなると、どうしても気になることがある。それは足利義教の将軍就任の顚末である。五代将軍の義量《よしかず》は若くして亡くなった。そのため、父の四代義持《よしもち》が再び将軍の責務を担った。彼としては、自分はまだ若いので、そのうちに後継者が生まれるだろうと考えていたらしい。ところが義持はやがて、小さな傷口から有害な細菌に冒されて急逝した。幕府の重臣たちが次の将軍を誰にするか尋ねると、そちたちが決めよ、との答えであった。

困惑した重臣たちは、僧籍にあった義持の弟四人を候補とし、名前を書いたくじを作成した。政務を取り仕切る管領の畠山満家《みついえ》が石清水八幡宮の社頭でくじを引くと、そこには「青蓮院義円《ぎえん》」の名が。義円は還俗して、足利義教（実際には、初名は義宣《よしのぶ》）として将軍職に就いた。再び問おう。これをどう解釈するか。

　ぼくは義教の選任は仕組まれた茶番だったろうと考えている。くじを作った三宝院満済《まんさい》という高僧と、くじを引いた畠山満家が共謀すれば、容易に八百長が成立するのだ。だが、ほとんどの歴史研究者は賛成してくれない。満済の日記に、くじ引きは公正に行ったと書いてあるではないかというのだ。あるいは、神意を冒瀆するようなまねを、当時の人がするはずはない、というのだ。ならば、とぼくは問いかけたい。日記にウソを書くことはあり得ないのか。さらには、湯起請をどう説明するのか、と。室町時代人は、神や仏を騙るワル知恵をすでにもっていたに違いないのだ。

　ぼくは最近、史料を疑う、ということにこだわるようになった。歴史史料を書いてあるままに受け取る。それはある意味、誰にでもできる。研究者であれば、時として「眼光紙背に徹する」読みが必要になるだろう。それが効果的にできて初めて、史料を専門的に扱う史料編纂所の教員を名乗れるのではないか。

　本書はそういう姿勢を基本として、まとめたものである。多くはかつて書いたものだが、史料を大事にする、という態度はその時から変わっていないつもりだ。史料を的確に読むという作業は、なかなか良くできている、と昔の自分を褒めてあげたい気分が少しある。

ただし、大切なのは論旨である。今回はその意味で、思い切って文章を入れ替えてみた。史料を読み、また疑い、論旨を構築する。まあこういうふうに普通は言われているけれど、「本当のところはどうなの?」その問いを大事にした一冊である。読んでいただき、知的好奇心を刺激できたとしたら、これにまさる喜びはありません。

最後に文春新書編集長の前島篤志さんと水上奥人くんに心からの謝意を。お二人の助けがなければ本書は成立しなかった。前島さんもぼくもお酒が苦手なので、三人でおいしいものを食べるのが今から楽しみでしかたがない。

旧版が出てから、猫のアルトとデッシーは長寿を全うしました。それから、月刊「文藝春秋」の「オヤジとおふくろ」のコーナーに書かせていただいた父も昨年八十七年の生涯を閉じました。おれと猫を一緒にするな、と怒られそうだけれど、お父さん、この本はあなたに捧げたく思います。不出来な息子の一生懸命です。

新しい天皇陛下が即位を宣言された十月に

本郷和人

本書は、二〇一〇年に文春新書から刊行された『天皇はなぜ万世一系なのか』の増補新版です。全体にわたり加筆・再構成を行いました。「まえがき」、第一章「天皇と上皇はどちらが偉いのか」、第九章「女性天皇について日本史から考える」、補論「令和という年号への違和感」「新版あとがき」は本書のための書き下ろしです。

本郷和人（ほんごう　かずと）

1960年東京都生まれ。東京大学史料編纂所教授。東京大学・同大学院で石井進氏、五味文彦氏に師事し、日本中世史を学ぶ。著書に『新・中世王権論』（文春学藝ライブラリー）、『日本史のツボ』『承久の乱』（文春新書）、共編著に『現代語訳　吾妻鏡』（吉川弘文館）、監修に『東大教授がおしえる　やばい日本史』（ダイヤモンド社）など多数。

文春新書

1239

権力《けんりょく》の日本史《にほんし》

2019年11月20日　第1刷発行
2019年12月5日　第2刷発行

著　者　本郷和人
発行者　大松芳男
発行所　株式会社 文藝春秋

〒102-8008　東京都千代田区紀尾井町3-23
電話（03）3265-1211（代表）

印刷所　理想社
付物印刷　大日本印刷
製本所　大口製本

定価はカバーに表示してあります。
万一、落丁・乱丁の場合は小社製作部宛お送り下さい。
送料小社負担でお取替え致します。

ISBN978-4-16-661239-0